JN005695

オムニチャネル小売業のロジスティクス統合

大下　剛 著
Oshita Takeshi

同友館

はじめに

　私が初めて「ロジスティクス」と言う用語に触れたのは2000年であった。その後，仕事でロジスティクス業務を担当していたが，その奥は深く，"ロジスティクスとは何か"わからないまま月日が流れた。

　その過程で，社会人大学院に通い，ロジスティクスに関する学びを深める機会を得た。大学院卒業後もロジスティクスに関する研究を細々と行っていると，"もっと物流やロジスティクスに関する研究が必要だ"という声や，"大学でも物流やロジスティクス教育を充実すべきだ"という意見を耳にすることが増えてきた。その中で，自分にしかできない研究・教育もあるのではないかとの思いが芽生えてきた。運よく，日本物流学会で知己を得ていた明治大学の菊池一夫先生の研究室の門をたたき，本格的に研究者を目指す道を歩み始めた。

　ロジスティクス研究では製造業視点の研究が中心となる一方で，小売業視点の研究は多いとは言えない。小売業研究では，海外を中心に，2010年代半ばから「オムニチャネル研究」が活発化しつつあった。その中で，「オムニチャネル小売業のロジスティクス」に関する議論の必要性が研究課題とされるものの，研究領域としては未発達であった。そこで，オムニチャネル小売業の現状分析やロジスティクスに関する取り組みなどを組み込んで論文を執筆していった。また，菊池一夫先生の指導のもと，理論的なアプローチを学び，理論的にも実践的にも貢献できる成果を目指してきた結果が本書である。

　先行研究では，ロジスティクスを「効率」の側面で議論する場合が多い。しかし，ロジスティクスの本質は「市場適合」であり，「効果」の側面に焦点を当てた議論が必要と考える。したがって，本書は「オムニチャネル小売業のロジスティクス統合」と題しているが，それをいかに効率的に行うかという視点ではなく，小売業のオムニチャネル戦略の効果を高めるためにロジスティクスが果たす役割を中心に議論している。本書が，オムニチャネル研究およびロジスティクス研究に対して，理論的・実践的に貢献できるならば望外の喜びである。

　しかし，本書には限界もある。流通業の変化は速く，2020年は新型コロナ

ウィルスの影響にさらされた1年間であった。流通や物流も大きな影響を受けている。店舗型小売業が苦境に陥り，EC市場の拡大が急速に進んだ。本書は店舗型小売業のオムニチャネル化を中心に議論しているが，インターネット通販事業者のオムニチャネル化や，D2Cといった新しい概念も登場している。これらの領域に対する研究も今後求められると考える。

　本書の基となった2019年度博士論文「オムニチャネル小売業の流通プロセスにおけるロジスティクス統合」の作成にあたっては，明治大学大学院商学研究科博士後期課程に入学する以前から指導を引き受けてくださった指導教授である菊池一夫先生（明治大学）に，まず心からの感謝を申し上げたい。また，論文作成に当たり副査として指導いただいた高橋昭夫先生（明治大学），福田康典先生（明治大学）にも，感謝申し上げたい。同じく，町田一兵先生（明治大学）には，菊池一夫先生と一緒に論文指導を頂いた。改めて，感謝申し上げたい。

　明治大学大学院商学研究科博士後期課程に入る前に共同研究という形で長年ご指導いただいた秋川卓也先生（日本大学），自分をロジスティクス研究の世界に導いてくださった浜崎章洋先生（大阪産業大学）にも感謝申し上げたい。すべてのお世話になった方のお名前を挙げることはできないが，ご指導いただいた先生方にも改めて感謝を申し上げたい。

　また，私の研究への意欲を理解して，その機会を与えてくださったヤマトロジスティクス株式会社，研究の支援をしていただいた一般社団法人ヤマトグループ総合研究所の方々にも御礼申し上げたい。私がロジスティクスを学んだヤマトロジスティクス株式会社は組織変更もあり，その名称は無くなってしまうが，自分の原点は今もそこにあると確信している。

　千葉商科大学の教職員の皆様からも，日ごろから多大なご支援を頂いている。本書は，千葉商科大学の学術図書出版助成金を受け，出版するものである。

　本書の出版をお引き受けくださった同友館佐藤文彦氏にも深く感謝する次第

である。

　最後に，私事で恐縮であるが，ここまで私を育ててくれた両親，研究ができ
る環境と力を与えてくれた妻と娘に本書を捧げたい。

2020年12月

大　下　　剛

推薦のことば

　本書は，大下剛先生による『オムニチャネル小売業の流通プロセスにおける
ロジスティクス統合』（明治大学大学院商学研究科2019年度博士学位請求論
文）をベースに，その後の日本商業学会，日本消費経済学会，日本物流学会で
の研究報告を経て，博士学位請求論文を加筆修正をしたものである。

　まず私と大下剛先生の出会いを振り返ってみたい。大下先生とは，平成19
年の日本物流学会全国大会（神奈川大学）で，秋川卓也先生（日本大学）の紹
介で知り合ったと記憶している。その当時の大下先生の研究報告は3PL事業
者の視点からの研究を活発にされていた。

　その後，2016年の秋ごろに明治大学を訪ねられ，博士後期課程で私の研究
室を受験し，将来的には研究者を目指したいと言われた。そこで私は，これま
での物流研究や物流の実務を知っていることを活かしながら，研究者としてポ
ストを得るためには研究の幅を広げてくださいとお話をした。そこでの勧めた
研究テーマがオムニチャネル小売業であった。当時の背景としては，2015年
に *Journal of Retailing* のVol.91, Issue2で「マルチチャネル小売業（Multi-
Channel retailing）」の特集が組まれた。また以前から研究交流のあったクラ
ンフィールド大学のS.Saghiri氏もオムニチャネルの研究を行っており，小売
研究において1つの研究潮流を形成しつつあったからである。大下先生にとっ
てはご自分が行っていた物流事業者の視点の研究から荷主企業（小売業）の視
点への研究の変更であったために，当初は視点転換にご苦労されたようにも感
じられた（視点②から視点①への転換）。

物流・ロジスティクス研究の構図（筆者作成）
①荷主視点の研究（製造業者・卸売業者・小売業者）····ロジスティクス戦
　略，SCMの研究
②物流事業者視点の研究（3PL，フォワーダー，実運送の業者など）····産業

v

財マーケティング，リレーションシップ・マーケティングなどを適用した研究
究
③物流技術の研究（倉庫，レイアウト，情報技術など）‥‥経営工学をベースにした生産性向上などの研究
④物流インフラ・物流政策の研究（港湾・空港・政府の政策・国家間協定など）‥‥社会インフラの整備や政策などを対象にした調査研究

　次に本書の意義について述べたい。本書は小売業のオムニチャネル研究においての統合問題を扱ったものである。ここで統合というと，どの「範囲」を統合し，どういった「基準」で統合するかを研究することになるが，本書では，従来あまり研究がなされていないオムニチャネル小売業の「ロジスティクス」の側面を統合の範囲とし，「消費者視点（品揃え物と品ぞろえ形成）」を基準に議論を展開したことである。そして本書の議論のポイントは店舗型小売企業と通信販売企業のアベイラビリティ概念の相違と，品ぞろえ形成における「時間概念」の追加であるといえよう。
　私なりの別の見方をすれば，オムニチャネル小売企業のサービスのインプット要因として"発注者としての消費者"を捉え，他方でオムニチャネルのロジスティクス統合による成果を，サービスのアウトプット要因として論じているともいえる。いずれにせよ，本書が流通研究ならびにロジスティクス研究の発展に大いに寄与するものと確信している。

2021年1月15日

明治大学商学部教授

菊池　一夫

⊙目次⊙

序章
研究目的と構成

第1節　本書の目的と研究の背景

　本書の目的は，オムニチャネル小売業の流通プロセスにおいて，消費者の購買経験に直接影響を与えるロジスティクスの役割の解明にある。この研究目的に至った背景について説明していく。

　近年，伝統的な店舗型小売業者によるインターネット通販市場への参入が拡大した結果，流通チャネルが複数化する現象が増えてきた。一方で，インターネット通販専業事業者が，実店舗を展開する試みも現れてきている。店舗だけ，もしくは通信販売だけといった「シングルチャネル」から，複数チャネルへ移行する小売業者は増えているが，流通チャネルが複数化しても，それぞれが独立して管理されていれば「マルチチャネル」と呼ばれる形態となる。

　一方で，モバイル端末の登場・普及により，チャネル横断的な購買行動が予見された（Rigby 2011）。消費者は，探索・購買・配達といった購買意思決定過程の各フェーズにおいて必要とする機能が異なるため，各フェーズで別個にチャネル選択する（山本 2015 p.50）。その結果，インターネットの仮想店舗，モバイルアプリ，もしくは実店舗を往来するといった形で，消費者の購買プロセスにおいて，小売業者と消費者の接点が複数になる現象が生じた。そのため，店舗型小売業者は，ショールーミングに代表される消費者行動の変化に対応を迫られるのである。反対に，小売業者にとっても，モバイル端末がマーケティングの手段として利用できれば「所与とされた店舗ロケーションという制約条件が解かれ，顧客の来店を待たずして，小売業者は積極的に購買意思決定プロセスに介入することが可能」（新倉 2015 p.41）になる。店舗型小売業者にも新たなマーケティングの可能性がもたらされたのである。

　これらの環境変化を受けて，マルチチャネル化していた小売業者が，チャネルを超えた連携を図る戦略を取り始めた。その結果，小売業者の戦略として，複数のチャネルを統合する「オムニチャネル」という新たな概念が登場したのである。

　この現象を解明するために，オムニチャネル小売業の研究が発展してきた。

第1章で論じるが，オムニチャネルの目的は，「消費者のチャネルを超えたシームレスな購買経験の実現」である。そのために，「チャネルの統合的管理の重要性」（近藤 2018 p.79）が強調される。そして，オムニチャネルでは，チャネルをまたがる商品の移動が必要とされるために，ロジスティクス統合が重要と考えられたのである。

第2節　本書の問題意識

前節では，オムニチャネル小売業が登場した背景と，チャネル統合要素としてロジスティクスが重要とされる研究潮流を概観した。

オムニチャネル小売業のロジスティクス研究で中心となるのは，マルチチャネルからオムニチャネルに進化する際の「ロジスティクス統合」である。小売業がオムニチャネル戦略を実行する際に，取り組むべきロジスティクス統合の要素（Hübner et al. 2015; Hübner et al. 2016b; Bernon et al. 2016; Lim et al. 2017）を対象とした研究を中心として，ロジスティクスの発展段階（Wollenburg et al. 2018）や，オペレーションの類型化（Ishfaq et al. 2016）といった研究もなされてきた。

また，オンラインで注文した商品を店舗等でピックアップするクリック＆コレクト（C&C）[1] が小売業者の売上に与える影響（Gallino and Moreno 2014）や，消費者の満足に与える影響（Swaid and Wigand 2012; Murfield et al. 2017），店舗型小売業者のオムニチャネル化に際する事例研究（Larke et al. 2018）も行われた。

しかしながら，オムニチャネル小売業のロジスティクス研究は始まったばかりであり，内容も現状に対する記述的な研究が中心である。また，小売業のロジスティクス研究はフロントエンドを支えるバックエンドとしての位置づけが

---

(1) オンラインで注文した商品を自ら消費者がピックアップするサービスは，"drive"（森脇 2015），"BOPS; buy-online, pick-up-in-store"（Gallino and Moreno 2014）といった様々な呼称があるが，本書ではC&Cで統一して表記する。

強く，効率性の観点から議論される傾向が強い。

　以上の問題意識から，本書は，オムニチャネル小売業のロジスティクスを，小売業者の「効率」という視座ではなく，消費者の便益を実現する「効果」の視点で検討する。具体的には，小売業のロジスティクス研究に対する文献レビュー（第2章および第3章），消費者視点で見たロジスティクス統合とオムニチャネル小売業者の類型化（第4章および第5章），オムニチャネル小売業のロジスティクスに対する理論的アプローチ（第6章および第7章）を通じて，各々が関連する3つの理論的課題と2つの実践的課題を考察している。

　第一の理論的課題は，小売業のロジスティクス研究に対する文献レビューによる，先行研究で着目された研究領域および視座の解明である。第2章で，店舗型小売業のロジスティクス研究を，第3章で，通信販売のロジスティクス研究を，それぞれ文献レビューする。その結果，先行研究の多くが，小売業者の効率性に焦点を当てている点を明らかにする。そのうえで，店舗型小売業者と通信販売のロジスティクスの知見を単に合成するだけでは，オムニチャネル小売業のロジスティクスを論じるのが難しく，新たな枠組みを用いた議論の必要性があることを提起する。

　第二の理論的課題は，ロジスティクス研究から得られる知見の活用である。オムニチャネル研究におけるロジスティクス統合は，その困難性から，チャネル統合を実現するための対処すべき課題として論じられる場合が多い。そのために，多様なロジスティクス構造の類型に焦点が当たる。また，他のチャネル統合要素も含めた，企業業績への効果等が研究対象となっている。一部に，C&C等のオムニチャネル特有のサービスに対する消費者の満足度といった実証的な研究があるものの，その理論的含意は明らかではない。逆説的ではあるが，オムニチャネル小売業のロジスティクス研究において，既存のロジスティクス研究の知見が活かされていないという現象が生じている。したがって，本研究では，ロジスティクス研究で重視される「アベイラビリティ」の視座から，オムニチャネル小売業のロジスティクスに対して，理論的なアプローチによる考察を行う。

　第三の理論的課題は，消費者視点の理論に依拠した議論の必要性である。オムニチャネルは，その定義より，消費者視点が強調される。しかしながら，オムニチャネル研究において，チャネルを超えた購買行動を取る消費者を前提として，小売業者の取るべきチャネル統合を論じている場合が多い。消費者のチャネルを超えた購買行動が生じる原因についての研究は存在するものの，オムニチャネル小売業のロジスティクスとの関係性で議論された研究は少ない。この問題を考察するために，本書では，マーケティングにおいて機能主義的アプローチをとるAldersonの「品揃え物および品揃え形成」の理論を拠り所として，消費者の品揃え形成にオムニチャネル小売業のロジスティクスがもたらす便益を考察する。Aldersonのマーケティング理論は，徹底した消費者視点が貫かれているのが特徴であり，本研究において有意義な理論的含意を与えると考えられる。

　一方で，実践的な課題として，第一に，ロジスティクス統合を必要とするオムニチャネル小売業者の類型がある。「オムニチャネル小売業」と言っても，その形態は様々である。小売業者ごとに取り組みが異なり，現実の社会で生じている小売業のオムニチャネル化を，一義的に解釈できるわけではない。そのため，オムニチャネルにおいてロジスティクス統合が重要であるとしても，すべての小売業者に一律に適用できる議論にならない可能性が存在する。したがって，オムニチャネル小売業者を，いくつかの基準によって分類し，オムニチャネル小売業者によって異なる，ロジスティクス統合の重要性の違いを明らかにしていく。

　第二の実践的な課題として，消費者がオムニチャネル小売業から享受する便益を明らかにする。先行研究では，特にインターネット通販の物流サービス品質の議論を援用して，アベイラビリティ・適時性・信頼性・返品といった尺度で，消費者の満足度を研究している。しかしながら，インターネット通販にはない，オムニチャネル小売業が消費者にもたらす固有の便益についての議論は限定的である。さらに言えば，オムニチャネル小売業のロジスティクスと，消費者の便益についての関係性に関する議論は少ない。したがって，オムニチャ

5

ネル小売業が消費者にもたらす便益を明らかにしたうえで，その実現のために
ロジスティクスが果たす役割を提示する。

　これらの課題を論じながら，オムニチャネル小売業のロジスティクスが，流
通プロセスにおいて果たす役割を理論的に解明する。この議論は，先行研究で
提示された多くのフレームワークで論じられたロジスティクス統合の必要性に
対して，理論的な基盤を提供する。したがって，本研究はオムニチャネル研究
に重要な貢献をもたらすと考える。

第3節　研究方法と対象領域

　本書は，前節の問題意識に基づき，先行研究を踏まえたうえで，オムニチャ
ネル小売業の現状を捉えるための，探索的な実証研究を実施する。その結果
と，先行研究で提唱されたオムニチャネルのフレームワークを整合して，本書
の研究領域を特定する。その後，ロジスティクス研究およびAldersonの「品
揃え物および品揃え形成」の理論に基づいて，理論的なアプローチを試みる。

　本書と近接する学問領域として，マーケティング・チャネル研究がある。
マーケティング・チャネル研究において，チャネル管理を，販路数と取引段階
数の選択問題と捉える「チャネル構造選択論」，単一組織内の管理と同様に，
チャネル構成員間の対立と協調の管理を重視する「チャネル拡張組織論」，取
引相手との売買関係を維持しつつ，それを統制するための内部組織的関係の構
築を，交渉によって実現されると考える「チャネル交渉論」，組織間のパワー
構造によって内部組織的性格の形成が実現されるとする「チャネル・パワー
論」といった理論が提唱されてきた（結城 2014 pp.15-44）。これらは，製造
業者が製品を流通させるためのチャネル行動を捉える「製造業者視点」の理論
と言えよう。

　しかしながら，製造業者から流通業者へのパワーシフトや，市場不確実性の
増大と水平的競争の激化を受けて，「協調関係論」が発展するという経緯をた
どってきた（結城 2014 pp.46-49）。

6

　本書の焦点は消費者に向けられている。しかしながら，消費者の購買行動が，今まで小売業者が行ってきた「発注」に近づいている可能性を指摘したうえで，製造業者・卸売業者と小売業者間の，物流情報を軸とした，より強い連携を強調している。したがって，本書は，マーケティング・チャネル研究を補完する位置づけを有すると考える。

第4節　基本概念の定義と位置づけ

　本書における，重要な概念に関する定義について概説する。

　第一に，「オムニチャネル」である。オムニチャネルと並置される概念として，「シングルチャネル」と「マルチチャネル」が存在する。「シングルチャネル」は，小売業者が店舗での販売のみ，もしくは通信販売チャネルのみといった単一の流通経路しか有しない状況を指す。「マルチチャネル」は，小売業者が複数のチャネルを有する状況を指す。ただし，各チャネルは別個に管理され，分離した状態にある。いずれも，小売業者が販路を形成する際の戦略として理解でき，小売業者視点の概念と言える。

　オムニチャネルの定義については，第1章で，先行研究を踏まえて詳細に説明している。総じて言えば，オムニチャネルでは「消費者視点」が強調され，消費者のチャネルを超えた購買プロセスにおける経験の「シームレス」や「一貫性」の実現が，オムニチャネルの定義に共通する内容となる。消費者の購買経験を損なわないための，小売業者の対応として「オムニチャネル」戦略が必要となるのである。「シームレス（seamless）」は，「途切れない」や「円滑な」という意味があり，消費者のチャネルを超えた購買行動がスムーズに実現できる状態と解釈できる。「一貫性」は，品揃え物や価格，サービスといった内容が異なるチャネルでも同一である点を反映しており，「シームレス」な購買経験の前提と捉えた。本書では「シームレス」な購買経験を得られるのは，「一貫性」の実現が前提にされていると理解する。

　以上より，本書では「オムニチャネルは，チャネルを超えたシームレスな購

買経験を実現する目的を持ち，オムニチャネル戦略はそれを実現するための小売業者の戦略」と定義する。

第二に「物流」と「ロジスティクス」である。20世紀前半は，大量生産を実現する技術が進歩したが，生産と消費を架橋する流通技術の発達が課題であった。そのため，輸送や保管といった物流の技術に着目が集まった。この時代は，物流を「機能」として捉えていたと言える。

一方で，消費者の需要の変化が速くなり，多様化の様相を見せると，大量生産した商品が必ずしも，消費につながらなくなる。第6章で詳述しているが，「顧客に対するサービス」を通じて「顧客満足」を「最低限の費用」で遂行する物流が必要となった。物流に市場適合の要素が加味され「戦略」と捉えられるようになり，軍事用語として用いられてきた「ロジスティクス」概念が，ビジネスに取り入れられたのである。

したがって，本研究では，輸送・保管・荷役・流通加工・包装といった物流を構成する各種機能に焦点を当てる場合は「物流」という表現を用いる。一方で，物流を，市場適合を意識した小売企業の戦略的要素を中心に議論する場合に「ロジスティクス」と表記する。

第5節　本書の前提条件と限界

本節では，本書の前提条件を整理すると同時に，研究の限界について説明する。

第一の前提条件として，本書では，オムニチャネル小売業のロジスティクスと，消費者の購買経験との直接的な関係に焦点を当てている。そのため，小売業のオムニチャネル戦略を成立させるために，ロジスティクス統合は不可欠なのか。そうだとすれば，ロジスティクスはオムニチャネル戦略成立の必須要件とする理由は何かを論じている。

先行研究では，ロジスティクス構造の在り方や，在庫の保管やピッキングといった物流機能を統合するか分離するかといった「効率性」の観点から多くの

議論がなされてきたが，本書では効率性というよりもむしろ効果を研究対象とする。

　したがって，ロジスティクスの効率的なオペレーションという視点の議論は行っていないため，本書の対象が，オムニチャネル小売業のロジスティクス全体ではないという限界点には留意する必要がある。

　第二の前提条件として，店舗型小売業のオムニチャネル化を主眼に置いた議論をしている。小売業のオムニチャネル化には，店舗型小売業者のオンラインへの参入だけでなく，インターネット通販事業者の実店舗出店等も含まれる。チャネルの境界が曖昧になるという意味では，小売業のオムニチャネル化に「方向性」はないと考えるのが妥当である。しかしながら，第1節で述べたように，インターネット通販市場の拡大やモバイル端末の普及という外部環境の変化が，消費者の購買行動に変化をもたらした。その対策として，実店舗を活かした店舗型小売業者のオムニチャネル戦略が提起されている関係上，オムニチャネル小売業の研究対象は，店舗型小売業者のオムニチャネル化が中心となる。また，第4章で議論するが，オムニチャネル小売業のロジスティクスは，店舗型小売業者が店舗の役割をどのように変化させるかに大きく影響を受ける。したがって，本書は，店舗型小売業者のオムニチャネル化を念頭に置いた議論を展開する。ただし，インターネット通販事業者の実店舗出店にも，本研究の成果を適用できる部分は存在すると考えるが，それについては終章で論じる。

　第三の前提条件として，主に日本のオムニチャネル小売業の事例を対象にして，議論を進めている。日本の雑誌記事を調査対象としているため，一部海外の事例が含まれるものの，日本の事例が中心となっている。本研究で検索された記事は2013年が初出であり，欧米に比べると，オムニチャネルの発展段階が未成熟であるとの指摘も可能である。また，消費者の購買経験が重要となるオムニチャネルでは，国や地域の文化や購買行動の違いによって，小売業者の戦略が変化する。それ以外にも，国土の広さや経済水準といった要因にも影響を受けると考えられるため，本書の結論を，地域や文化を超えて適用できるか

は慎重な議論が必要である。ただし，事例は，オムニチャネル小売業を類型化する目的で使用している。その後の議論では，欧米を中心に理論化されてきた「ロジスティクス」や，Aldersonの「品揃え物および品揃え形成」の理論に基づいた，理論的なアプローチを行っている。したがって，本研究におけるオムニチャネル小売業のロジスティクスに関する理論について，地域や文化を超え一般化した議論に展開できる可能性はあると考える。

第6節　本書の構成

本書の構成は次のとおりである。

序章に続く第1章で，オムニチャネルが登場してきた背景と，先行研究におけるオムニチャネルの定義やフレームワークを説明する。オムニチャネル研究の中心課題であるチャネル統合において，「ロジスティクス」が統合要素の一つとして論じられているため，オムニチャネル小売業のロジスティクス研究に特化した文献レビューを行う。そのうえで，オムニチャネル小売業のロジスティクス研究における，理論的なアプローチやロジスティクス研究に依拠した議論の必要性を提示する。

第2章で，店舗型小売業のロジスティクス研究に対する文献レビューを行う。その結果，小売業のロジスティクスは小売ミックスや，そこから導出される店舗フォーマット・業態と密接に関係しており，小売ミックスの進化が小売業者のロジスティクスへの関与を増大させる関係性を示す。そのうえで，店舗型小売業のロジスティクス研究は，小売ミックスを実現するための効率性を重視した，小売業者視点の研究が中心となってきた研究潮流を明らかにする。

第3章で，通信販売のロジスティクス研究の文献レビューを行う。インターネットの登場による通信販売市場の拡大により，通信販売を支えるフルフィルメントや，消費者との接点となる物流サービスが研究対象となってきた研究潮流を説明する。そのうえで，文献レビューから得られる，オムニチャネル小売業に対する示唆を整理する。

　第4章で，オムニチャネル研究のフレームワークを用いて，ロジスティクス統合の必要性を議論する。具体的には，Bell et al. (2014) が構築した「情報伝達手段」がオンラインかオフラインか，「フルフィルメント」がピックアップか宅配かで分類する2×2のフレームワークをもとに，オムニチャネル小売業のロジスティクス統合を分析する。その結果，オムニチャネル小売業のロジスティクス研究を，より深く考察するために，既存フレームワーク拡張の必要性を指摘する。

　第5章で，日本を中心としたオムニチャネル小売業の事例を，内容分析および定量的な分析に基づいて分類して，ロジスティクス統合が必要となる小売業の類型化を試みる。コレスポンデンス分析および階層クラスター分析によって，オムニチャネル小売業の戦略を類型化したうえで，商品の知覚リスクが果たす役割について考察する。分析結果に基づき，ロジスティクス統合を必要とするオムニチャネル小売業者の特徴を検討する。

　第6章で，ロジスティクス研究において重視される「アベイラビリティ」に着目する意義について考察する。ロジスティクス研究の「アベイラビリティ」概念と，小売業のマーチャンダイジングで用いられる「アベイラビリティ」概念との違いを明らかにしたうえで，オムニチャネル小売業において「アベイラビリティ」概念に生じる質的な変化を論じる。

　第7章で，Alderson の「品揃え物および品揃え形成」の理論から見たオムニチャネル小売業の特性を明らかにする。具体的には，オムニチャネル小売業の品揃え形成が，消費者の「品揃え物の潜勢力」に与える影響について考察する。そのうえで，オムニチャネル小売業を利用する消費者が得る便益を，流通論の視点から明らかにする。

　第8章で，ここまでの議論を綜合して，オムニチャネル小売業におけるロジスティクスが果たす役割について考察する。「チャネルを超えた購買行動を生む消費者ニーズ」，「オムニチャネルが消費者にもたらす便益」，「オムニチャネルにおけるロジスティクスの役割」，「オムニチャネルの社会的意義」について論じて，本書の結論とする。

図序-1　本論文のフレームワーク

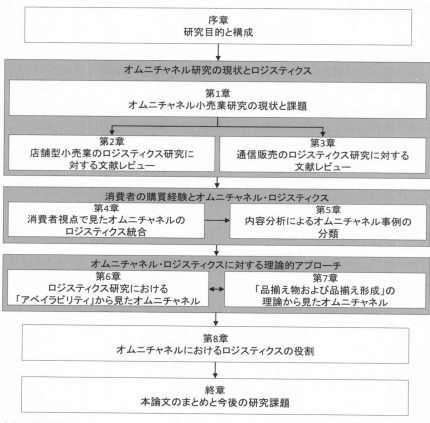

出典：筆者作成

　終章で，本書のまとめと示唆，今後の研究課題に言及する。

第1章
オムニチャネル小売業研究の現状と課題

本章では，オムニチャネル研究の現状と課題について議論する。第1節で，オムニチャネル小売業が登場するに至った市場環境の変化および物流環境の現状を述べる。第2節で，オムニチャネル研究における定義とフレームワークについて概観する。第3節で，オムニチャネル研究の現状と課題を明らかにする。第4節で，オムニチャネルのロジスティクス研究に関する文献レビューと研究課題を提示する。

第1節　日本の小売・物流市場環境の変化

1.小売市場環境

　平成26年の商業統計によれば，2013年の小売業の市場規模は約128兆円であり，そのうち通信販売・訪問販売小売業が8.3兆円と6.5%を占めた（経済産業省 2015a）。経済産業省（2019）による「平成30年度我が国におけるデータ駆動型社会に係る基盤整備（電子商取引に関する市場調査）」では，2018年の日本におけるBtoC-EC市場における物販系分野の市場規模は約9.3兆円であり，前年比8.1%増の成長を見せた。

　その中でも，スマートフォン経由の購買比率が39.3%と，EC市場の中でもスマートフォンを利用した購買が小売市場における存在感を増しつつある。

　この要因として，急激なインターネット通販市場の拡大に押される形で，伝統的な店舗型小売業者がインターネット通販市場へ参入を果たしてきた結果が反映していると考えられる。その結果，必然的に小売業者の流通チャネルが複数化しつつある。一方で，インターネット通販専業事業者が，実店舗を展開する試みも現れてきている。

　その結果，店舗のみ，もしくは通信販売のみといった「シングルチャネル」ではなく，複数チャネルを展開する小売業者が増加してきた。ただし，流通チャネルが複数化しても，それぞれが独立して管理されていれば「マルチチャネル」と呼ばれる形態となる。

　しかしながら，消費者の購買プロセスにおいて，小売業の店舗やウェブサイ

図1-1　ECにおける物販系市場規模の推移

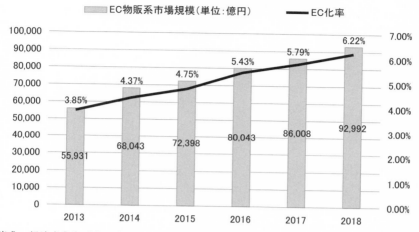

出典：経済産業省平成26年度，平成28年度，平成30年度の「我が国におけるデータ駆動型
社会に係る基盤整備（電子商取引に関する市場調査）」を基に作成

図1-2　スマーフォンを利用したEC市場規模の推移

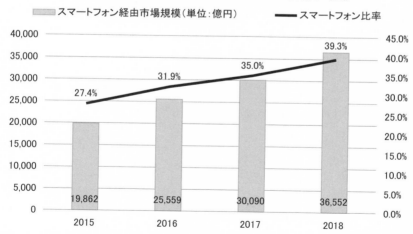

出典：経済産業省「平成30年度我が国におけるデータ駆動型社会に係る基盤整備（電子商取
引に関する市場調査）」を基に作成

ト，モバイルアプリといった複数の接点が生じる場合が増えてきた。Kotler et al. (2016) は，消費者の「接続性」の高まりを受けて，カスタマー・ジャーニーを認知（aware）・訴求（appeal）・調査（ask）・行動（act）・推奨（advocate）の5Aで捉えた（Kotler et al. 2016 訳書p.97）。購買プロセスにおいて，消費者は「ひとつのチャネルから別のチャネルへ-オンラインからオフラインへ，またオフラインからオンラインへ-頻繁に移動し，明確な切れ目のないシームレスで一貫性のある経験を期待する」（Kotler et al. 2016 訳書pp.206-207）のである。すなわち，モバイル端末の普及によって，チャネル横断的な消費者の購買行動が促進されたのである。そのために，マルチチャネル化していた小売業者が，チャネル間の連携を必要とする環境が生まれた。その結果，小売業者の戦略として，複数のチャネル統合を志向する概念である「オムニチャネル」が登場したのである。

　経済産業省（2017）では，オムニチャネルを「消費者が（中略）複数のチャネルを縦横どのように経由してもスムーズに情報を入手でき購買へと至ることができるための，小売事業者によるチャネル横断型の戦略やその概念，および実現のための仕組みを指す」（経済産業省 2017 pp.27-28）と定義している。具体的には，実店舗，PCサイト，モバイルサイト（スマートフォン），ソーシャルメディア，従来型メディア（新聞・雑誌・TV），カタログ，DMに物流事業者も加えたチャネルが，消費者の購買プロセスにおいて販売・情報・物流チャネルとして機能する概念図が提示された。

　チャネル間の統合程度が高まると店舗型の小売業の売上が増加する研究結果（Cao and Li 2015）がある。一方で，Pauwels and Neslin (2015) は，インターネット通販専業事業者の店舗出店に関する研究を行い，約20％の売上増になる結果も示された。このように，店舗型小売業者もインターネット通販事業者も，相互の領域に参入して，その境界が曖昧になりつつある（Brynjolfsson et al. 2013）。

図1-3　オムニチャネルの概念図

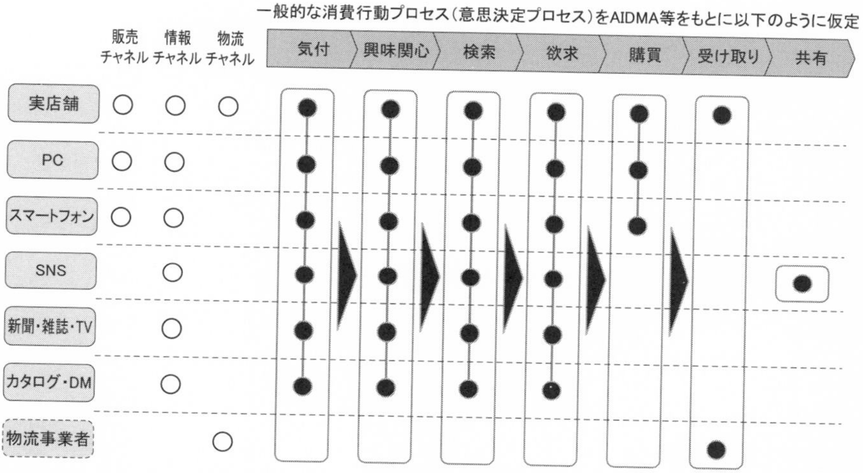

一般的な消費行動プロセス（意思決定プロセス）をAIDMA等をもとに以下のように仮定

出典：経済産業省「平成28年度我が国におけるデータ駆動型社会に係る基盤整備（電子商取引に関する市場調査）」p.27から引用

2.物流環境

　一方で，日本における物流を取り巻く環境も厳しさを増している。2000年代中盤以降，企業において，売上高に対する物流費率は5％を切る水準で推移してきた。

　しかしながら，物流業界における労働力不足が顕著になっている。厚生労働省の「一般職業紹介調査」によれば，2019年5月の全職業の有効求人倍率が1.35倍であるのに対して，自動車運転の有効求人倍率は2.86倍となっている。物流部門での人員の確保が難しくなっており，これらの労働力不足が物流構造に影響を与えつつある。

　日本ロジスティクスシステム協会の2018年調査では，物流費の値上げ要請を受けた企業が87.9％に達した。その中で，値上げに応じた企業は95.4％に上っている（日本ロジスティクスシステム協会 2019 pp.98-99）。これらの調査結果からも，物流費が今後上昇するリスクは高いと想定される。

図1-4　売上高に対する物流コスト比率の推移

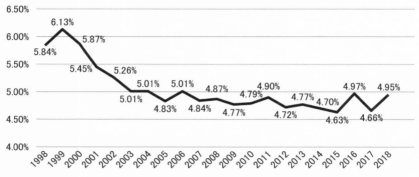

出典：日本ロジスティクスシステム協会『2018年度物流コスト調査報告書』を基に作成

　以上より，小売業者がオムニチャネル化する際のロジスティクス戦略の巧拙が，企業業績に与える影響は大きく，オムニチャネル成功の可否を分ける重要な要素となる可能性が指摘できる。

第2節　オムニチャネルの定義とフレームワーク

　オムニチャネルを最初に学術的に定義したのはRigby (2011) とされる（近藤 2018）。オムニチャネルという名称は「小売業者が無数のチャネルを通じて顧客と相互交流できるようになるという事実を反映して」おり，「独立した各チャネルを，シームレスなオムニチャネル体験に融合させる」点が示された（Rigby 2011 訳書p.60）。

　2015年には，*Journal of Retailing*においてオムニチャネル特集が組まれた。その中で，Verhoef et al. (2015) は，「オムニチャネル管理とは，チャネルをまたがる顧客経験とパフォーマンスを最適化する方法で，多くの利用可能なチャネルと顧客接点の相乗効果を管理することである」（Verhoef et al. 2015 p.176）と定義した。Verhoef et al. (2015) による，マルチチャネルとオムニチャネルの違いをまとめたのが表1-1である。

表1-1　マルチチャネルとオムニチャネルの比較

	マルチチャネル管理	オムニチャネル管理
チャネル焦点	双方向チャネル	双方向チャネルとマスコミュニケーションチャネル
対象チャネル	店舗・ウェブサイト・ダイレクトマーケティングといった小売チャネル	店舗・ウェブサイト・ダイレクトマーケティング・モバイルといった小売チャネルおよび顧客とのタッチポイント
チャネル分離	オーバーラップしない別個のチャネル	シームレスな顧客経験を提供する統合チャネル
チャネル管理	各チャネル単位	チャネル横断

出典：Verhoef et al. (2015) p.176の表から一部抜粋

　Kotler et al. (2016) は，「マーケターは，物理的なチャネルとオンライン・チャネルを通じて，途中のあらゆる段階で顧客を誘導する必要」があり，「カスタマー・ジャーニーのどこであれ，またいつであれ，顧客が購入を決めたときには，必ず対応できるようにしておく必要がある」として，オムニチャネル・マーケティングを「さまざまなチャネルを統合して，シームレスで一貫性のある顧客経験を生み出す手法」と定義した（Kotler et al. 2016 訳書p.207）。

　オムニチャネルにおける「情報伝達手段」および「フルフィルメント」に着目したBell et al. (2014) は，消費者の視点から情報入手を「オンライン」と「オフライン」で，フルフィルメントを「ピックアップ」と「宅配[(2)]」の観点で分析するフレームワークを提示した。

　従来の組み合わせは，左上象限の伝統的な店舗型小売業者と，右下象限のインターネット通販専業事業者であった。しかしながら，情報伝達手段は店舗

---

(2)　本書では，deliveryの訳語について，発送から配達までのプロセスに主眼を置く際は「配送」，届け先で荷物を手渡す行為に着目する際は「配達」と訳出する。また，C&Cとの対比で論じる際は，受取拠点への配達ではなく自宅への配達と識別するために「宅配」と訳出する。

図1-5　情報・フルフィルメントマトリクス

情報伝達手段

オフライン　伝統的小売業　オンライン小売＋ショールーム

オンライン　購買・配達ハイブリッド　インターネット専業通販

ピックアップ　　　　宅配

フルフィルメント

出典：Bell et al. (2014) p.47から引用

（オフライン）で行い，フルフィルメントは宅配を選択する右上象限「オンライン小売＋ショールーム」と呼ばれる購買行動が登場した。反対に，左下象限，具体的には，オンラインで注文した商品を，店舗やコンビニエンスストア・宅配ロッカー[(3)]等の受け取り拠点でピックアップする「購買・配達ハイブリッド」といった選択も発生する。これらに対応するサービスであるC&Cを提供する小売業者も増加している。このような，消費者の購買行動の変化を受けて，左下や右上の象限に対応する小売業者の取り組みがオムニチャネルとして捉えられた。

　Saghiri et al. (2017) は，消費者の購買行動の変化に対処するために，①消費者の購買プロセスをスムーズにするチャネルステージの統合，②オンラインとオフラインといったチャネルタイプの統合，および③サプライチェーンに関与する異なる主体間の統合という3次元で捉える小売業者視点の概念的なフレームワークを提唱した。

　Huré et al. (2017) は，消費者の「一貫性がある」という知覚が，異なるチャ

---

(3) 本書では，宅配ロッカーは，小売業者・オンラインモール（仮想商店街）・物流事業者等が設置する不特定多数の人々が利用可能な商品受け取り用の設備を指し，マンション等に備え付けられている同種の設備は，宅配ボックスと呼称する。

図1-6　オムニチャネルシステムの3次元概念的フレームワークおよび統合要素

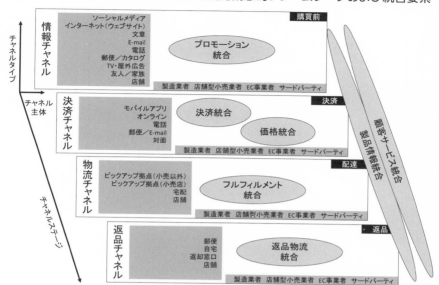

出典：Saghiri et al. (2017) p.61 およびp.62の図を一部修正

ネルの，①品揃え物とアベイラビリティ，②価格，および③サービスが同じか否かによって評価されている結果を実証的に示した。また，「シームレス」は，①チャネル移動の簡単さ，②速さ，および③楽しさ・心地よさで評価された。

　日本において，山本（2015）は，購買プロセスの探索・購買・配達の各フェーズで必要とされる機能を提供するチャネルの相違がオムニチャネルの発生理由であり，消費者視点で捉えて「各フェーズで必要とされるサービスを提供する機能をより効率的に提供出来る優れたチャネルを消費者が選択的に組み合わせる活動」と定義した（山本 2015 p.59）。

　その他に，「既存チャネルがモバイルデバイスを中心に物流と情報流の両面から繋がり，消費者起点でシームレスな買物体験を実現すること」（奥谷 2016 p.26）や「すべて（オムニ）のチャネルを統合し，消費者にシームレスな買い物経験を提供する顧客戦略」（近藤 2018 p.79）などがオムニチャネルの定義

とされた。

　チャネルの統合は経営側からの視点であり，消費者がチャネルに求めるのは「一貫性があること」と「シームレス」である（高橋 2018 p.174）。したがって，本書では「オムニチャネルはチャネルを超えたシームレスな購買経験を実現する目的を持ち，オムニチャネル戦略はそれを実現するための小売業者の戦略」と定義する。

第3節　オムニチャネル研究の現状と課題

　先行研究において小売業者がオムニチャネル化する際の課題として指摘されている内容は大きく3つに分類できる。

　第一に，チャネル間で独立している要素の統合である。

　初めに，異なるチャネルを利用する消費者の購買プロセスや購買情報の「データ統合」（Neslin et al. 2006; Zhang et al. 2010）は，必須の要素と考えられる。

　次に，異なるチャネルの品揃え物を，完全に統合するのか，非対称性を許容するかの「品揃え物統合」（Emrich et al. 2015; Melacini et al. 2018）や，商品の価格をチャネルごとに統一するか，差別化するかという「価格統合」（Agatz et al. 2008）といった小売ミックスを構成する要素も，重要な研究課題とされた。

　最後に，フルフィルメントを同一の物流センターで実施するか，別個にするか，もしくは店舗で実施するかといった「フルフィルメント統合」（Agatz et al. 2008; Melacini et al. 2018）や，オンラインで購入した商品を店舗で返品したり，店舗で購入した商品を宅配便等で返品するといった消費者の行動に対応する「返品統合」（Bernon et al. 2016; Melacini et al. 2018）も研究課題とされた。

　近藤（2015）は，先行研究をレビューしたうえで，マルチチャネル統合の要素として，①マルチチャネルを管理する組織，②市場に向けたマーケティン

22

グ・ミックス，③オペレーション，④ロジスティクス，⑤顧客・販売・ロジスティクスに関わる情報・データ，の5つに分類した。

　同じく，図1-6で示したSaghiri et al. (2017) では，①プロモーション，②決済，③価格，④フルフィルメント，⑤返品物流，⑥製品情報，⑦顧客サービスが統合要素として列挙された。

　これらのチャネル統合の取り組みが，小売業の経営成果に与える影響（Oh et al. 2012; Cao and Li 2015; Bell et al. 2017; Tagashira and Minami 2019）も研究されており，チャネル統合が経営成果にもたらす影響に対する関心は高いと言える。

　以上のように，オムニチャネル研究では，マルチチャネルと異なり，チャネルを超えた要素を幅広く統合する必要性が指摘されてきた。

　第二に，小売業者のオムニチャネル化を引き起こす消費者行動の変化やデジタル技術の進化などの外的要因があげられる。たとえば，顧客がどのようにチャネルを選択し，購買パターンに何が影響を与えるかを理解（Neslin et al. 2006）するために，安全性やプライバシーといった消費者の関心事を分析する必要がある（Zhang et al. 2010）。

　消費者の商品に対する関与度の違いが，顧客エンゲージメントに与える影響（Lee et al. 2019），消費者がショールーミング行動を取る要因（Gensler et al. 2017; Li et al. 2018），C&C行動を取る要因（Chatterjee 2010），パソコン等のオンライン端末とモバイル端末との違いによる購買行動の特徴（Rodriguez-Torrico et al. 2017）を明らかにする実証的な研究が行われており，デジタル化やモバイルアプリの普及が進む中での消費者行動の変化（新倉 2015；奥谷 2016）を通じたオムニチャネル環境での消費者に対する洞察が求められるのである。

　また，Rigby (2011) は，デジタル技術の進化を活用して，小売業者が店舗や携帯端末，コールセンターといったチャネルにおいて消費者のオムニチャネル体験を作り出せるとした。したがって，小売業者は，新たなデジタル技術を素早く適用すべきと主張した。しかしながら，小売業の人手不足や店頭のアナ

ログ環境が，小売業のデジタル化の阻害要因となっているとの指摘もなされている（奥谷 2016）。

第三に，オムニチャネルを推進するための組織変革があげられる。オムニチャネル小売業者は，チャネル間の戦略を調整するという難しい課題に対処する必要がある（Neslin et al. 2006）。投資や広告宣伝費といった経営資源をどのように各チャネルに配分するかは，研究があまりされていない（Neslin et al. 2006）。個々のチャネルの利益貢献度や，チャネルごとのパフォーマンスを評価する指標（Neslin et al. 2006; Zhang et al. 2010）も重要である。チャネルごとに組織を分権化するのか，集権化するのかといった判断が必要（Zhang et al. 2010; Rigby 2011）であるが，店舗事業とEC事業の組織アーキテクチャの違いによる情報共有の難しさ（高嶋・金 2018）があるため，組織構造も対処が困難な課題となる。このように，小売業者がオムニチャネル戦略を実行するにあたり，内部における管理を確立させ，対処すべき課題がある。

以上の議論を総合すると，先行研究では，小売業者がオムニチャネルに取り組むにあたって，チャネルごとに別個であった要素をいかに統合するかという問題認識を中心に議論されているのがわかる。その中でも，フルフィルメントも含めた物流・ロジスティクスに関して，複数の先行研究で指摘されている（Agatz et al. 2008; 近藤 2015; Bernon et al. 2016; Sagihiri et al. 2017; Melacini et al. 2018）。

したがって本書では，オムニチャネル小売業のロジスティクスに焦点をあてる。具体的には，店舗型小売業者がインターネット通販に参入していくプロセスを通じたオムニチャネル化を前提にして，ロジスティクスの変化に関する議論を進める。

第4節　オムニチャネルのロジスティクス研究

1.フレームワーク

オムニチャネル小売業のロジスティクス統合に関する研究者としては，

Hübnerが代表的である。

　Hübner et al. (2015) では，ドイツ語圏の小売業者に対してインタビュー調査が行われた。マルチチャネル環境下のオペレーション管理には，①ネットワーク配置，②在庫管理，③倉庫運営，④キャパシティ管理の4つの領域で計画を作成する必要が示された。そのうえで，それぞれの領域で実施されているオペレーションの詳細な記述がなされた。

　Hübner et al. (2016a) は，欧州の食料品小売業に対するインタビュー調査をもとに，ラストマイル[4] に主眼を置いたフレームワークを提示した。具体的には，バックエンドフルフィルメントとして，①ピッキング[5] を店舗，専用フルフィルメントセンター[6]，中央倉庫のいずれで行うかという「ロケーション」，②ピッキングの「機械化」，③オンラインとオフラインのピッキング作業の「統合」が列挙された。一方で，ラストマイルでは，①宅配かC&Cかの「配送モード」，②配送の速さと時間帯指定からなる「配送時間」，③地域限定から国際までの中で，どこまで配送対応するかを示す「配送エリア」，④様々なルートからなる「返品」の選択肢が提示された。

　Hübner et al. (2016b)では，ドイツの小売業者に対してマルチチャネルからオムニチャネルに移行する際のロジスティクス課題について調査が行われた。アンケートの結果，統合対象を，①在庫，②ピッキング，③品揃え物，④配達，⑤返品，⑥組織，および⑦情報システムに分類するフレームワークを提示した。

　在庫保管とピッキング作業については，店舗向けと通信販売向けの在庫を別拠点で行うか，同一拠点で行うかという問いに対して，オムニチャネル経験年

----

(4)　ラストマイルは，消費者への配達にあたる物流プロセスを指し，日本ではラストワンマイルと表現される場合もある。

(5)　ピッキングとは「注文や要求に対して，その品物を在庫から選び出す」（日本ロジスティクスシステム協会 2002 p.26）行為であり，物流センター等において，注文内容に応じた商品を取り揃える活動を指す。

(6)　一般的に，インターネット通販に対応する物流センターを「フルフィルメントセンター」と呼ぶ。

図1-7　オムニチャネル小売業のロジスティクス領域

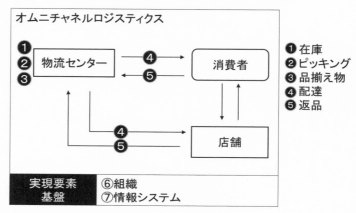

出典：Hübner et al. (2016b) p.571 を基に作成

数が長いほど同一拠点，すなわち統合程度が高くなる傾向を示した。品揃え物
についても，時間とともにオンラインの品揃え物が拡大して，店舗の品揃え物
を超える傾向を明らかにした。

　一方で，配達や返品については，オムニチャネルの経験年数よりも商品特性
や店舗密度に応じて，オンラインで注文して，店舗等でピックアップする
C&Cや異なるチャネルからの返品が行われていた。

　最後に，組織統合はロジスティクス統合を可能にすると結論された。また，
情報システム統合も，チャネルを超えた在庫管理や商品の貨物追跡，顧客との
コミュニケーションを促進する点が明らかにされた。

　Hübner et al. (2016c)は，ドイツ圏の非食品のオムニチャネル小売業のロジ
スティクスの現状に関するインタビュー調査を行った。その結果，実務家の関
心は，①配送モードの開発と最適化，②配送スピードの向上，③在庫の可視
化，④クロスチャネルプロセスの最適化，および⑤在庫統合と配置にある点が
明らかになった。著者は，前者3つは「サービス視点」，後者2つは「ロジス
ティクス費用」の問題と捉えた。そのうえで，商品の発地（サプライヤー

図1-8　マルチチャネルからオムニチャネル・ロジスティクスへ移行する
フレームワーク

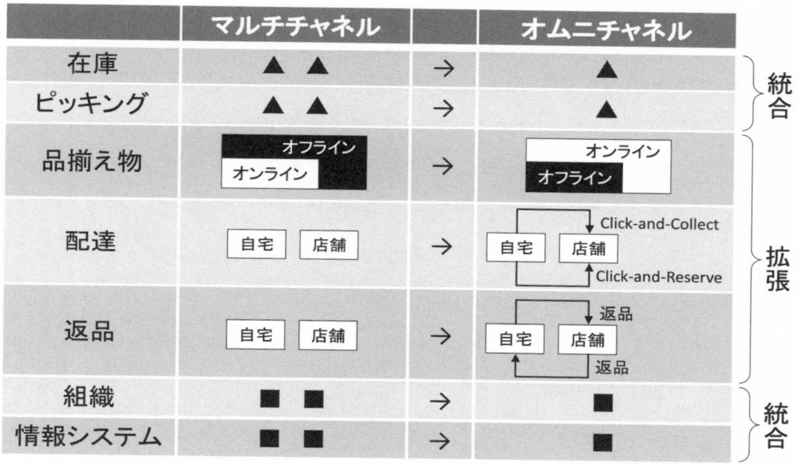

	マルチチャネル			オムニチャネル	
在庫	▲ ▲		→	▲	統合
ピッキング	▲ ▲		→	▲	
品揃え物	オフライン / オンライン		→	オンライン / オフライン	拡張
配達	自宅　店舗		→	自宅　店舗　Click-and-Collect / Click-and-Reserve	
返品	自宅　店舗		→	自宅　店舗　返品 / 返品	
組織	■ ■		→	■	統合
情報システム	■ ■		→	■	

出典：Hübner et al. (2016b) p.577から一部抜粋して作成

DC[(7)]・小売DC・店舗）と受け取り方法の組み合わせで，ロジスティクスの
ネットワーク構造を捉えた。

　Hübner と共同研究を行った Wollenburg et al. (2018) は，欧州6か国の食料
品を扱うオムニチャネル小売業者12社に対するインタビュー調査を行い，ロ
ジスティクスネットワークを，①既存の店舗向け物流網を活かして店舗でピッ
キングと配送を実施するタイプ，②オンライン専用センターを新設するタイ
プ，③流通センターで店舗向けおよび個人向けを統合して行うタイプに大きく
分類した。そのうえで，「オンラインフルフィルメントのケイパビリティ」が

----

(7) Distribution Center の略であり，「流通市場で，特定企業の物流を行う施設で，一
　般に流通に必要な最小限の在庫とオーダーピッキング機能，商品仕分機能を主とし，
　プレパッケージングや値札付け，一部商品の組替え，加工などの流通加工機能を持つ」
　（日本ロジスティクスシステム協会 2002 p.218）施設を指す。日本語訳として「流通
　センター」「配送センター」「物流センター」「DC」が用いられる。また，通過型セン
　ター（Transfer Center）と対比的に「在庫型センター」と位置付けられる場合もある。
　本書では，文脈に応じて上記用語を使い分ける。

高まると，①店舗でピッキングと配送を実施するタイプから，②オンライン専用センターを新設するタイプへ移行する発展プロセスを見出した。さらに，「オンライン売上量」が増加すると，③流通センター統合へと進化していく発展の方向性を明らかにした。先行研究が主張するロジスティクス統合を単純に実行すればよいわけではなく，また食品と非食品の違いを踏まえていない点を批判した。倉庫業務・ピッキング・流通センターと店舗間等の内部輸送・ラストマイルは相互に関連していて別個の研究ではなく，費用もラストマイルだけでなくトータルコストで考える必要がある。また，オムニチャネルの解は一つでなく地域によって異なると主張した。

Ishfaq et al. (2016) は，アメリカの小売業界経営者団体（Retail Industry Leaders Associations）のメンバーに対するインタビュー調査で詳細な研究を行った。店舗型小売業者がオンライン注文を取り入れ，オムニチャネル化していく際の重要な要素として，①オムニチャネル戦略，②フルフィルメント方法，③配達オプション，④店舗の活用，⑤その他のテーマを見出している。

ロジスティクスに関連する，②オムニチャネルフルフィルメントの選択肢には，「流通センター内にオンライン専用在庫を設ける」タイプ，「在庫をオンラインとオフラインで共同利用する」タイプ，「店舗在庫でオンライン注文に対応する」タイプの3つの型に分類された。また，流通センターに関して分類木分析より，オンライン売上が小さい段階ではオフライン用流通センターと統合して運用するが，ある閾値を超えると3PL事業者[8]にアウトソーシング，さらに売上が増加すると専用センターになる段階性が明らかにされた。ただし，売上が大きくても，流通センターの数および店舗数によって統合型にするか専用型にするか分かれる結果が示された。

③配達オプションについて，配送料無料となる受注金額水準を分析した。専用型流通センターは，配送料無料となる受注金額が低い傾向にあった。統合型

---

(8) 3PL(third party logistics)は，「荷主に対して物流改革を提案し，包括して物流業務を受託する業務」（国土交通省 1997 p.3）と定義され，包括的な物流アウトソーシングを指す。

流通センターと3PL利用は，流通センター数が少ないと受注金額水準が高く，流通センター数が多いと受注金額水準が低い傾向となった。

　④店舗インフラの活用は，オンライン注文を店舗で引き取りでき，返品も店舗で受け付ける点をインターネット通販専業事業者との差別化要因と捉えた。これらの施策は，オムニチャネルの経験年数が長く，店舗当たり従業員数が多いほど実行される傾向にあった。店舗の配送拠点としての活用が有効で店舗の役割が変わっていく点と，ラストマイルの無料配送を促進するケイパビリティがオムニチャネルで定着していくだろうと結論付けられた。

　Marchet et al. (2018) は，イタリア企業に対するアンケート調査を行った。その結果，配送モード・スピード・時間帯・時間帯指定料金が変数となる「配送サービス」，ピッキングロケーション・配送エリア・輸送サービスが変数となる「流通構造」，物流センターの自動化と統合・出荷場所の可変が変数となる「フルフィルメント戦略」，返品モードが変数となる「返品管理」の4つの戦略領域からなるフレームワークを導出した。クラスター分析の結果，フルフィルメントを別個に行う「分離モデル」，反対にフルフィルメントを統合して行う「統合倉庫モデル」，店舗からの出荷やC&Cを中心とする「店舗ベースモデル」，顧客のニーズに応じて柔軟に対応する「多重配置モデル」の4つの類型が見いだされた。そのうえで，非食品小売業・食品小売業・食品製造業の順でオムニチャネルが進化していると結論された。

2.オペレーション

　万・増田（2015）は，オムニチャネル化した際にロジスティクスの方法によって生じる配送距離の違いに関する演繹的な研究を行った。チャネル連携を達成するための基本的課題として，①どの消費接点でも共通のサービスを提供すること，②在庫拠点・物流拠点・配送オペレーションの改善を図り消費者とのミスマッチを少なくすること，③消費者の需要変動に柔軟に対応可能な在庫管理方法を確立することをあげている。②在庫拠点・物流拠点・配送オペレーションについて，消費者に届けるラストマイルを流通センターから行う場合

図1-9　オムニチャネル・ロジスティクスのフレームワーク

戦略領域	ロジスティクス変数	オプション				
配達サービス	配送モード	宅配	ポスト投函	店舗内C&C	店舗隣接C&C	店舗外C&C
	リードタイム	当日		翌日	翌々日以降	
	時間帯指定	可			不可	
	時間帯指定料金	あり			なし	
流通構造	ピッキング拠点	中央倉庫		専用FC	店舗内	
	配送エリア	ローカル	リージョナル	国内	グローバル	
	輸送サービス	ミルクラン	エクスプレス・クーリエ	クーリエ	ルート納品	
フルフィルメント戦略	自動化	なし		半自動化	完全自動化	
	ピッキング作業	オフラインとオンラインを分離		オフラインとオンラインを統合		最適に可変
	出荷場所	固定			可変	
返品管理	返品モード	なし		宅配便	店舗	

出典：Marchet et al. (2018) p.447を基に作成

と，店舗から行う場合でのシミュレーションにより，後者の距離の方が短くなる研究結果を示した。

　Bernon et al. (2016) は，オムニチャネルの返品問題に焦点を当てた。インターネット通販の売上が高いイギリスの企業を対象にアンケート調査を行い，業界による返品率の違いを明らかにした。多くの小売業者が，消費者の返品しやすさと移動時間を最小化する返品場所の数がカギとなる要素と述べた。多店舗展開している小売業者は，店舗を活用して返品を受け付けていた。店舗が限定的な小売業者は，①同じ小売グループの店舗，②第三者の店舗ベースのパーセルサービス，および③郵便局のサービスを利用等によって，返品に対応して

いた。

　返品処理については，処理スピードが重要になるが，その内容として，「消費者への返金のスピード」と「返品した商品を再販売するスピード」があげられた。また，返品プロセス統合として，①返品した商品の管理方法，②C&Cの未回収に対する対応，③返品交換の対応，④C&Cの商品とその他の商品の会計処理，および⑤郵便システムを通じた返品処理が課題として指摘された。

　Larke et al. (2018) では，店舗ネットワークの密度を活かした日本のセブン＆アイ・ホールディングスの事例が研究対象とされた。店舗型小売業者のオムニチャネル化プロセスにおいて，部門間の人事交流・ITシステム統合・プライベートブランド（以下PB）の多チャネル展開・店舗ネットワークの活用・ラストマイルオプションの提示（C&C）・店舗での返品受付等の取り組みがなされていた。

3. 物流サービス

　Gallino and Moreno (2014) は，アメリカの小売業を対象に，オンライン注文・店頭引き取り（buy-online, pick-up-in-store; BOPS[9]）を導入した際の効果を実証研究した。分析の結果，オンライン売上は減少して，店舗の売上が増加する結果となった。その理由は，BOPS実施のために，店舗も含めた全体の在庫情報が正確に可視化された結果，消費者は店舗に在庫があれば，受け取りまでに時間のかかるオンラインではなく，店舗に出向いて購買を行うためと推察された。さらに，その消費者は他の商品を購入するクロスセリング効果も生じるため，店舗の売上は増加する結果となった。

　Murfield et al. (2017) は，オムニチャネルに特徴的な，オンライン注文・店頭引き取り（BOPS）と店頭注文・宅配（buy-in-store-ship-direct; BSSD）を対象にロジスティクスサービス品質に関する調査を行った。先行研究で用いられた「アベイラビリティ」，「配達状況」，「適時性」が「顧客満足」および「顧

---

(9) 本書におけるC&Cと同義である。

客ロイヤルティ」に与える影響に関する実証分析を行った。その結果，配達の日時指定やスピードからなる「適時性」だけがBOPSおよびBSSDのいずれにおいても「顧客満足」および「顧客ロイヤルティ」に有意な正の影響を与える結果が示された。著者は，「アベイラビリティ」や「配達状況」は一定程度の水準に達して顧客満足の要因とはなっていないが，時間のない家庭が増えて「適時性」が重要になったと推測した。

4.その他

　Lim et al. (2017) は，ウォルマートの事例研究を行った。ウォルマートは，変化の速い環境では，組織統合してもすぐに時代遅れになるので，組織は別にしてシナジーの実現を目指す方針を採用している。そのため，オンラインは別組織にして，オンラインとオフラインで協力して商品化計画において規模の経済を働かせ，異なるチャネルを共通の指標で管理する。欠品を防ぐために流通システムは一緒に動かし，店舗納品流通を活用して店頭ピックアップを1ドル未満にして費用を抑える施策を取っている。また，ITシステムを活用してDC・e-FC[10]・作業可能な店舗からの出荷を柔軟に行っている。

　近藤（2018）は日本型オムニチャネルの課題として「多業態オムニチャネル」と「ロジスティクス・ハブとしての店舗ネットワーク」をあげた。後者について多業態展開する大規模小売企業グループが有する「緻密かつ膨大な数の店舗ネットワークを構成するコンビニエンス・ストアのハブ機能は，日本型オムニチャネルを特徴づける重要な要素」（近藤 2018 p.83）であり，①カバー可能な地理的範囲が広く，受注から配送までのリードタイムを大幅に短縮可能，②消費者の受け取り希望時間対応の柔軟性，③商品在庫の回転率向上，および④小売業者の配送コストと消費者の買い物コスト削減といったメリットが示された。

---

(10) eフルフィルメントセンターの略で，インターネット通販専用センターを指す。

5. 文献レビューのまとめ

以上の文献レビューの結果を整理したのが，表1-2である。

Galipoglu et al. (2018) は，以上のように新たな研究領域として発展しつつある，オムニチャネル小売業のSCMおよびロジスティクス研究に対するシステマティックレビューを行った。その結論として，①ロジスティクス研究の数が限定的，②実証研究中心で理論研究が限定的，③地域は欧米，業種は食料品とファッション産業が中心，④ロジスティクス研究ではなく，マーケティング研究，特にマーケティング・チャネル研究に依拠しているといった研究課題を提示した。

表1-2　オムニチャネルにおける主なロジスティクス研究

研究対象	著者
ロジスティクスネットワーク構造	Hübner et al. (2015)；Ishfaq et al. (2016)；Hübner et al. (2016b)；Hübner et al. (2016c)；Merchet et al. (2018)
ロジスティクス発展段階	Wollenburg et al. (2018)
組織統合	Lim et al. (2017)
ラストマイル	万・増田（2015）；Hübner et al. (2016a)；Larke et al. (2018)；近藤（2018）
C&C等のサービス	Gallino and Moreno (2014)；Murfield et al. (2017)

出典：筆者作成

オムニチャネル小売業のロジスティクスは，現実を捉える記述的な研究によって，様々な形態がある点が示された。しかしながら，その理論的な含意は明らかではない。したがって，本書では，オムニチャネル小売業のロジスティクスについて，理論的なアプローチを試みる。さらに，ロジスティクス研究の知見を活かした議論の展開によって，オムニチャネルにおけるロジスティクスの役割を明らかにする。

第5節　小括

　本章では，小売業者がオムニチャネル化する外部環境要因を明らかにしながら，先行研究におけるオムニチャネルの定義やフレームワークを概観した。そのうえで，オムニチャネル研究の中心課題がチャネル統合であり，統合要素の一つとして「ロジスティクス」が指摘されている点を示した。以上より，オムニチャネルのロジスティクスに関する先行研究を文献レビューして，理論的なアプローチやロジスティクス研究に依拠した議論の必要性を見出した。

　今後の議論を深めるために，次章以降では，小売業のロジスティクス研究を「店舗型」と「通信販売型」に分けて，文献レビューしていく。

第2章
店舗型小売業の
ロジスティクス研究に対する
文献レビュー

店舗型小売業者にとって，①立地場所と営業時間帯，②品揃え品目とその構成，③価格水準と価格設定活動，④広告および接客活動，および⑤店舗施設の特定といった小売ミックスは，業態を決める最も重要な要因である（田村2001 pp.221-224）。これらの要素は，流通機能の一つである物流機能とも関連している。したがって，小売業者は「商品特性や顧客サービス水準に関連するトータル・コストを考慮しながら，選択問題を意思決定し，物流システムを構築していくことが求められる」（菊池 2011 p.193）のである。

　しかしながら，店舗型小売業者のロジスティクス研究は少ない（Fernie 1999; 金 2003; Randall et al. 2011）。先述した通り，小売ミックスは小売業者のロジスティクスと密接に関係すると考えられるが，その構造は先行研究では明らかになっていない。小売ミックスを提唱したLazer and Kelley (1961) も，下位ミックス概念として「商品およびサービス」，「物流」，「コミュニケーション」をあげているが，それらの関係性については議論していない。また，小売イノベーション研究において，ロジスティクスやサプライチェーンについて触れられている研究（矢作 2000；小川 2000；渦原 2002）があるものの，小売業者の取り組み方針や，その対象範囲にどのような違いがあるかは明らかとは言えない。

　以上より，本章では，オムニチャネル小売業のロジスティクスにおける知見を得るために，店舗型小売業のロジスティクス研究に対する文献レビューを行う。第1節では，チェーンストア小売業を対象にしたロジスティクス研究，第2節では，コンビニエンスストアを対象にしたロジスティクス研究，第3節では，それ以外のロジスティクス研究をそれぞれ文献レビューする。第4節では，文献レビューの結果から得られた知見を基に，①ロジスティクスに影響を与える小売ミックスの要素，②店舗型小売業者のロジスティクス発展段階という2つの視点で文献レビューから得られる知見を整理したうえで，第5節で考察を行う。

第1節　チェーンストア小売業が
ロジスティクスに与えた影響

1.ロジスティクスネットワーク構造の変化

1.1.イギリス

　1960年代以降，イギリスではチェーンストア小売業が物流における自らの関与を大いに増やしてきた（McKinnon 1985）。そのため，イギリスにおいてMcKinnonやFernieを中心として，チェーンストア小売業のロジスティクスに関する多くの研究がなされてきた。独立した単店舗の小売形態から，複数の店舗を一括して管理するチェーンストア方式が広まった結果，小売業者主導によるサプライチェーン構築が企図された。ロジスティクス変容（logistics transformation）は歴史的に見て，①サプライヤー起点の段階，②小売による広域配送システムの創出段階，および③小売業によるロジスティクス管理段階によって特徴づけられた（Fernie 1997）。第一のサプライヤー起点の段階では，サプライヤーから小売店舗に直接納品が実施された。しかしながら，多店舗化を試みるチェーンストア小売業者が拡大した結果，広域配送センター（Regional Distribution Center）が小売業者によって設置されるようになった。サプライヤーからの納品は広域配送センターに対して行われ，その後，小売業者自らの判断で，店舗への納品が実施された（McKinnon 1985; Fernie et al. 2010）。これにより，小売業者はリードタイム短縮，在庫削減，店舗での消費者に対するアベイラビリティの提供が可能になった（Fernie et al. 2010）。

　1990年代に入ると，小売業者はサプライヤーに対して多頻度少量納品を求めるようになり，製造業者は納品車両の積載量を満載にできない事態が生じた。そのため，集約センターが広域配送センターの川上に設置されたり，店舗納品を終えた車両をサプライヤーの工場からの商品引き取りに活用するといった形で，小売業者が製造業者の一次物流に関与する事例も発生した（Fernie et al. 2010）。矢作（2000）も，イギリスにおける小売業のサプライチェーン発展過程に関する論述で，スーパーマーケット業界において，スーパーストア化

が物流に影響を与えた経緯を示した。具体的には，メーカー直送方式からセンター方式，さらには複数の温度帯管理を必要とする商品を一括して扱う複合センター方式へと変化していくといった形で，小売競争行動の変化によってロジスティクスネットワークの在り方が変遷したのである（矢作 2000 pp.141-162）。

1.2. アメリカ

Roberts and Berg (2012) は，アメリカにおけるウォルマートのロジスティクス発展の歴史を調査した。1960年代，事業の初期段階では，パレットで納品するには店舗があまりに小さく，倉庫でパレットを受けて各店舗にばらして納品しており，費用がかかり非効率であった。そのため，ウォルマートはハブアンドスポーク方式を採用した。すべての店舗が1日以内で流通センターから納品可能なエリアに出店され，当該エリアの出店は市場が飽和状態になるまで実施された。

1960年代後半から1970年代前半になると，店舗納品後の車両を製造業者から流通センターの輸送に用いるバックホール方式が導入された。1975年に建設した新流通センターは保管のための施設ではなく，クロスドッキング[11] の機能を中心とした。これらの取り組みの結果，低コスト・柔軟な受注処理・短いリードタイムでの配送が可能になった。その後も面積の拡大と革新的なコンベアの導入等を通じて，ロジスティクスが企業全体のオペレーションと成功に大きな役割を果たした。その結果，1988年には，16の流通センターで店舗販売する商品の75%の流通を担うに至った。

1980年代後半，ウォルマートは食料品市場に参入したが，この領域に対する専門性が不足していた。そこで食品卸のMcLaneを買収して，食料品部門を

---

(11)「多品種の商品を荷受けして直ちに需要先に仕分けて発送する（中略）積替センターとしての業務」（日本ロジスティクスシステム協会 2002 p.54）をクロスドッキングと呼ぶ。物流センターに入荷した商品をすぐに仕分けて発送するため，在庫保管型と区別される。

強化した。

　さらに，2006年にはリミックスプロジェクトと称して，食料品ネットワークと地域の一般商品ネットワークの併合を目指した。相互のネットワークの間で約4,000アイテムの商品を入れ替えて，高回転の商品を組み合わせて店舗へ納品するように変更した。その結果，顧客に必要とされる商品を一つのトラックで運べるようになり，店舗での素早い荷下ろしと商品陳列が可能になった。パレットは流通センターで店舗レイアウトにあわせて集められ，素早い補充のために，店舗のフロアに直接移動できるようにされた。当時，ウォルマートのアベイラビリティは97〜98％だったが，このプロジェクトには，欠品しがちな高回転商品の補充を早く行う目的もあった。サプライヤーにトラック1台分に満たない輸送（Less than Truck-Load）を課すことになったため，物流会社のDSCが混載サービスを提供した（Roberts and Berg 2012 pp.121-128）。

　また，ウォルマートは2005年1月，取引上位100社のサプライヤーに対して，商品のケース・パレットにRFID[12]を付けて出荷するよう要請して，①在庫切れや過剰在庫の解消，②棚卸し作業の軽減，③先入れ先出しの徹底による在庫コスト・物流コストの削減，および④スムーズな返品処理による顧客サービスの向上などを図った（金 2010）。

　この他に資源ベース理論の観点から，POS情報による在庫管理やクロスドッキングセンターなどのロジスティクスシステムの模倣困難性が競争優位をもたらすといった見解（Olavarrieta and Ellinger 1997）や，ウォルマートの自社物流センター建設やドミナント出店戦略が，1970年代から80年代の急成長につながったとの評価（渦原 2002 p.163）がなされてきた。

1.3. 日本

　日本においては，河田（2016）が総合スーパーの調達物流について研究を

（12）Radio Frequency Identificationの略で，「ICを組み込んだプレートやタグを物や場所などに取り付け，そのものの判別や位置確認」（日本ロジスティクスシステム協会 2002 p.305）が可能になる。

行っている。イトーヨーカ堂は，特定の卸売業者が窓口となって，他の卸売業者の商品も一括して店舗に納品する窓口問屋方式を導入した。さらに，1999年から2001年の間に首都圏において，卸売業者にイトーヨーカ堂専用の共同配送センターを設置させ，物流センター数の削減を図った。これにより，①店舗での荷受け回数の減少，②既存の卸売業者活用による範囲の経済性といったメリットを享受した（河田 2016 pp.198-201）。

　小川（1993）は，ダイエーをイトーヨーカ堂と比較して，店舗密度が低く，自社物流志向で，小売業態の多角化が進んでいるため，異質な店舗群を効率よく活用する努力が物流に求められたと捉えた。その結果，イトーヨーカ堂の商品グループ別に分かれているネットワークと異なり，より多くの商品グループを一括して処理する特徴を持つといったロジスティクス面での相違を明らかにした（小川 1993 pp.206-209）。

　小川（2000）は衣料品販売のしまむらの物流について，物流センターと店舗を結ぶトラックのシャトル便による店舗間での多頻度・少量の商品移動による商品「鮮度」の維持と，物流センターの省力化投資を特徴としてあげている。その実現の過程では，アウトソーシングしていた物流業者が，しまむらの要望に応えられず，結果的に自社で物流を行う形になっており，物流における革新を自社システムの革新と合わせて実行できる点に強みを見出した（小川 2000 pp.183-195）。

　最後に，中嶋（2008）は，家電量販店の競争構造分析において，ヤマダ電機の事例を取り上げた。1989年，ヤマダ電機が富山に進出しようとした際に，家電メーカーの系列店および販社から圧力がかかり，商品納入に遅延が生じた。そのため，販社やメーカーに依存しない自社での物流システム構築の必要性を認識した。1997年から自社物流網構築に着手し，自社での物流センターの設置，店舗での検品作業の物流センター移管，在庫水準の適正化などを実現する一括物流と，その効率化を支える独自のPOSシステムおよび店舗の標準化が重要な役割を果たした（中嶋 2008 pp.54-62）。

2.ロジスティクスアウトソーシング

　チェーンストア小売業者が，自らロジスティクス管理を行うためには，流通センターに対する投資が必要とされた。しかしながら，小売店舗網の拡大を優先するために，資金をロジスティクス構築に投下できない場合は，ロジスティクスアウトソーシングが行われた（Fernie et al. 2010）。McKinnon (1985) は，単独の小売業者が多店舗展開する際の3PL事業者へのロジスティクスアウトソーシングについて，①自社と同じ物流形態でアウトソーシング，②特別な取り扱いが必要な製品だけアウトソーシング，③地域的な拡大に応じてアウトソーシング，④季節波動に対応してアウトソーシング，および⑤調達時に単一の配送業者で納品といった5つの類型を示した。

　Fernie (1989) は，アウトソーシングについて，小売業者の視点からアウトソーシングのメリットを戦略，財務，オペレーションにわけて列挙した。そのうえで，重要な点として，小売業者がアウトソーシングするか否かに関わらず，トータル運用費を管理して，他の選択肢と比較できる評価指標を持つべきと主張した。反対に，アウトソーシングされる3PL事業者側の視点から，顧客の問題を理解してテーラーメイドのサービスを提供できるコンサルティング志向の営業が推奨された。重要なポイントとして，3PL事業者が顧客ニーズに対応する柔軟性が強調された。しかしながら，イギリス小売業者の3PL事業者へのアウトソーシング項目およびその動機に関するアンケート調査では，自社物流センターでの運用が最も多く，アウトソーシングだが自社の業務のみ行う専用の物流センターが続いた。また，他の産業と同様に「輸送」が多くアウトソーシングされている結果が明らかになった。3PL事業者は流通センターから小売店舗への二次物流に限られている状況であったが，サプライヤーから流通センターへの一次物流も3PL事業者にとっての成長市場となる可能性が示された（Fernie 1999）。

　日本では，総合スーパーのイオンが3PL事業者を利用しているが，イトー

41

ヨーカ堂と異なりメーカーへのミルクラン方式[13] を取り入れているため，卸売業者の活用ができないのが理由とされた（河田 2016 pp.201-203）。

　家電流通においては，1990年代から2000年代前半にかけて家電量販店が家電メーカーの物流子会社に対して行うロジスティクスアウトソーシングが盛んになっており，「物流戦略は家電流通にとって川下，川上を問わず，今後の鍵を握る」と指摘された（中嶋 2008 pp.192-193）。商品特性を理解した家電メーカーの物流子会社活用という日本において特徴的なロジスティクスアウトソーシング形態と言える。

　以上のように，チェーンストア小売業者の登場および拡大により，小売業者が主導するロジスティクスネットワーク構造の変化とロジスティクスアウトソーシングという現象が生まれたのである。

第2節　コンビニエンスストアが ロジスティクスに与えた影響

　矢作（1994）は，日本におけるコンビニエンスストア・システムを対象に研究を行った。「多品種少量在庫販売を短いサイクルで回す小売業務革新」（矢作 1994 p.20）であるコンビニエンスストアは，短リードタイム・小ロット納品を必要とするため，サプライチェーンの延期や共同配送の導入が進んだ。

　事例研究としては，セブン-イレブンの物流に関する研究が多数存在する。セブン-イレブンでは事業開始当初，卸売業者による納品数量不足や納品時刻のずれ，365日営業への未対応など，従来の物流条件では店舗運営に支障をきたした。そのため，共同配送を「チルド」商品から始めて，順次対象商品を拡大していくことにより，納品車両台数の削減と物流サービスの向上を図った（信田 2013 pp.80-109）。その過程で，ベンダー側にその費用を一方的に負担

---

(13) 納入先メーカーに委託された物流事業者が，各供給業者を巡回して集荷を行う方式をミルクランと呼ぶ（齊藤 2009 p.120）。

させるのではなく，①ドミナント出店，②取引先の集約，③共同配送，④仕分け機を含む情報システム面での支援を行い，ベンダー側にも利益が残せる体制を整えていった（小川 2000 pp.177-178）。1985年以降のセブン-イレブンでは「戦略行動単位での計画的で迅速な多頻度・小口物流を，POS情報に基づき正確に遂行する」情報武装により，物流が「粗利益率が大きく顧客吸引の決め手であるファストフードの品揃えを強化して，店舗競争力を支える強力なバック・フォーマットとして機能」する結果となった（田村 2014 p.208）。

　また，コンビニエンスストア業態においては，情報技術がサプライチェーンのインフラストラクチャーであった（矢作 1994 pp.107-109）。それに加えて，矢作（2001）は，「POSシステムの普及により，サイズ，色を含む単品単位の販売情報がほぼ即時的に収集」される実需把握が可能になる情報流通技術の発展により，「在庫」が「情報」に置き換わる情報的在庫調整の効果を指摘した（矢作 2001 pp.39-40）。情報革新による小売業者の販売情報は，製造業者や卸売業者に対する勢力の源泉となるとともに，小売業者が主体的にロジスティクスに取り組む際の在庫抑制も可能にしたのである。

　さらに，その過程で小売店頭における商品管理体系に対応した温度帯や商品グループごとに物流ネットワークが構築された（矢作 1993 p.163）。「取引先の絞込みと物流センターの専用化という問屋政策を推進する」ためにドミナント出店が威力を発揮して「高精度で欠品のない多頻度小口物流が可能になり，高精度の発注へとつながっていた」（小川 2005 p.91）と捉えられた。

　コンビニエンスストアについては，ドミナント戦略のために，配送センターからの効率的な輸送が可能な範囲のみの出店（八木橋 2015）になるなど，コンビニエンスストア業態はロジスティクスを基盤とする側面を持つと言える。

第3節　その他の視点からなる店舗型小売業の　　　　　　ロジスティクス研究

　小川（1996）は，アメリカの流通業界において「情報革新を核としたロジ

スティクスにおけるリエンジニアリングを成し遂げて，その強みを武器に急成長する企業群」とパワー・リテイラーを定義して，その特徴に「情報戦略に裏付けられたロジスティクスの重視」をあげた（小川 1996 pp.149-153）。

菊池（2010）は，小売店舗立地選定プロセスにおいて需要サイドが重視されるが，物流ネットワークを考慮要因として検討する必要性を指摘した。商品特性，リードタイム重視，コスト重視，店舗規模といった店舗フォーマットに由来する諸変数の重要性を指摘した。これらの特性によって物流ネットワークが異なる点を示した。その一方で，配送センターが店舗出店の立地に影響を与える可能性も示された。

また，菊池（2011）では，POS システム・電子的発注システム（EOS）・電子データ交換（EDI）・RFID といった情報技術の発展を基盤として，物流業務の革新が行われるとして，情報システムの重要性が指摘された。

チェーン小売業の欠品率について，サプライヤーからの納品を店舗の棚補充タイミングと同期して改善した報告（Ehrenthal and Stölzle 2013）がされた。日本は海外に比べて店舗での欠品率は低い水準であるが，小売業の求める低欠品率志向が強く，サプライチェーンの全体コストが最適化されていない可能性が提示されており（寺嶋・木島 2014），小売業態によって欠品率志向が異なれば，ロジスティクスは変容すると考えられる。

庄司・小川（2015）は，PB の物流に関する実証的研究を行った。その結果，PB の成果が高い小売業者は，「調達への製造業者の関与」，「供給業者との情報共有」，「市場情報共有」と高い相関が示され，PB における物流的視点の重要性を指摘した。

第4節　文献レビューから得られる知見

1.小売業者のロジスティクスに影響を与える要因

これまでの文献レビューより，ロジスティクスに影響を与える小売業者側の要因として，①販売量の増加，②多店舗化，③店舗の規模，④品揃えの広さ，

⑤商品特性（温度帯や賞味期限），⑥目標となる欠品率，および⑦情報システムが指摘できる。

表2-1　小売ロジスティクスに影響を与える要因

要因	著者
販売量の増加	McKinnon (1985)；矢作（2000）；Fernie et al. (2010)；Roberts and Berg (2012)；河田（2016）
多店舗化	McKinnon (1985)；Fernie et al. (2010)；Roberts and Berg (2012)
店舗の規模	矢作（1994）；矢作（2000）；菊池（2010）
品揃えの広さ	小川（1993）；矢作（1994）；河田（2016）
商品特性	小川（2000）；菊池（2010）；Roberts and Berg (2012)；信田（2013）；矢作（2013）
目標となる欠品率	小川（2005）；Roberts and Berg (2012)；寺嶋・木島（2014）
情報システム	矢作（1994）；小川（1996）；矢作（2001）；中嶋（2008）；金（2010）；菊池（2011）；田村（2014）；庄司・小川（2015）

出典：筆者作成

「販売量の増加」と「多店舗化」は相互に深く関連しているが，両者はいずれも小売業者が規模の経済を発揮する前提を作り出す。小売業者は規模の経済を活かせれば，ロジスティクス革新によって得られる成果が大きくなると考えられる。

「店舗の規模」は，十分な大きさを有していれば荷役を行える場所が確保できる。一方で，コンビニエンスストアのように店舗規模が小さくなると，納品車両等が限定されるといった制約が生じる。また，バックヤードが狭くなれば，商品ごとの在庫量を少なく抑える必要が生まれる。その結果，小さなロットサイズで頻繁に納品する必要が生じるため，多頻度少量納品が求められる。

「品揃えの広さ」が拡大すると，一般的に商品の発注先が増加する。それが多数の納品元からの店舗納品を引き起こすため，店舗の荷受け業務負荷が高ま

る。これらのストアオペレーションの問題を解決するために，多品種を一括して納品するネットワークに変更する誘因が，小売業者側に生じる結果となる。また，幅広い品揃えと小規模店舗を同時に志向すると，商品ごとの在庫数を抑制する必要があるため，小ロットでの納品が必要となる。

　温度帯や賞味期限の違いといった「商品特性」によっても，必要とされる納品リードタイムや納品頻度が異なる。温度帯の違いによって，施設や輸送において別個の管理が必要になる。一方で，短い賞味期限の商品は陳腐化のリスクを最小化するために，小ロットでの納品を必要とする。また，賞味期限の長短の要素は，結果的に商品回転率に還元される。短い賞味期限は商品回転率が高くなるため，多頻度納品を必要とする。

　店舗で「目標となる欠品率」も重要な要素である。コンビニエンスストアでは，消費の即時性ニーズがあるため「欠品の重大性は他業態より切実」（矢作1993 p.147）となる。小売業の業態によって，許容される欠品率が異なると考えられる。寺嶋・木島（2014）は，低欠品率の実現がサプライチェーン全体の費用を上昇させているリスクを指摘して，欠品コストをロジスティクスコストの中の一つして捉える提案をしている。在庫を抑制しながら欠品率を低くしようとすれば，納品の頻度を高くすると同時に納品リードタイムを短くしなければならない。

　最後に，多くの先行研究で「情報システム」について論じられている。消費者の需要が多様化する過程において，販売情報を有する小売業者へチャネル内の勢力が移行した側面が指摘できる。また，情報技術の進化によって，製造業者・卸売業者といったサプライチェーンを構成する企業間での情報連携が迅速かつ低費用で実現でき，その結果，ロジスティクスに関する革新も促進された。総じて言えば，情報システムの導入・発展は，小売ミックスが変化する際に生じる物流条件の変更に伴う費用抑制や効率性向上を実現する。さらに，サプライチェーン内の情報共有を効率化するインフラとしての役割を，小売業のロジスティクスにおいて果たしてきたと言える。

　以上の要素が互いに相互作用しながら，物流条件を規定すると考えられる。

図2-1　小売ミックスがロジスティクスに影響を与える構造

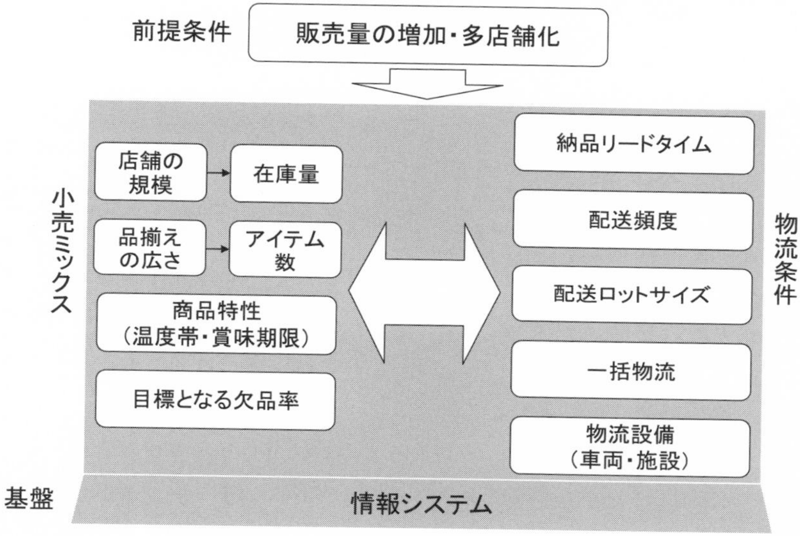

前提条件　　販売量の増加・多店舗化

小売ミックス

店舗の規模　→　在庫量

品揃えの広さ　→　アイテム数

商品特性
（温度帯・賞味期限）

目標となる欠品率

納品リードタイム

配送頻度

配送ロットサイズ

一括物流

物流設備
（車両・施設）

物流条件

基盤　　情報システム

出典：筆者作成

2.小売業者がロジスティクス革新において関与する範囲

　ここまでで，様々な小売業者のロジスティクスに関する事例が登場してきたが，小売業者によって，ロジスティクスに関与する範囲には違いが見られる。小売業者のロジスティクス戦略に対する関与度は，①関与なし，②物流を機能として管理，③設計を小売業者が行い，実行はアウトソーシング，④設計・実行とも小売業者という段階に分けられる。取引条件の構成要素である物流に関して，小売業者が何らの関心を示さない場合が「関与なし」と言える。

　一方で，物流を機能として捉え，品質や費用に関して能動的に関与して管理する「物流管理」を行う小売業者も存在する。前項の議論で見たように，小売業者の意図する小売ミックスを実現するために，物流条件が影響を受ける。そのために，小売業者がその物流条件を製造業者や卸売業者に提示して，意図する小売ミックスの実現を最も低い費用で行える取引企業を見出そうとする段階は，小売業者が物流を機能として管理している状態である。

ただし，小売ミックスの革新が破壊的であればあるほど，物流条件も大きく変容する可能性が高く，その要求に製造業者や卸売業者が応えるのが難しくなる。ウォルマートやセブン-イレブンの登場初期段階における，新たな小売ミックスを実現できる物流条件は，既存のサプライチェーンの参加者には許容されなかった。その時，ロジスティクスは小売業者自身の課題となり，小売業者がロジスティクスの「設計」に関与する必要が生じる。物流を取引条件や管理対象として捉える視点から，自社の戦略である小売ミックスを実現するシステムとして物流を捉えなおす「ロジスティクス視点」への転換が図られる。その結果，既存の枠組みでは実現が難しいロジスティクス革新を自ら主導するのである。具体的には，Ballou (1999) の唱えた「顧客サービス水準」だけでなく「施設立地戦略」，「在庫戦略」，「輸送戦略」に関して，小売業者自らが具体的に策定する必要が生まれる。小売業者はその対価として，ロジスティクス革新に取り組んだ成果を獲得する機会を得る。イギリスのチェーンストア小売業は，多店舗化するにつれて卸売業者が担っていた物流機能を取り込み，卸売販売における費用を削減（McKinnon 1985）して優位性を築いた。日本におけるセブン-イレブンの事例では，商品特性に応じた納品頻度，共同物流を通じて物流サービスの向上と費用の低減を実現した（信田 2013 p.67）。ロジスティクスの改善は，店舗レイアウトに合わせた納品や，温度帯・商品グループごとの納品によるストアオペレーションの効率化も可能にした。さらには，ウォルマートやセブン-イレブンは，物流センターの立地を所与として，設定された納品基準を満たす地理的範囲に出店を限定するドミナント出店戦略を採用した。

　中田（1992）は，「多頻度小口物流というのは物流における他の要因から生まれた一つの傾向である。しかし，その傾向を受け，その中である物流システムを開発した企業がある」（中田 1992 p.125）と指摘した。物流をシステムとして捉え，その設計を自ら行ったロジスティクス志向の小売業者は，マーケティングとロジスティクスを整合させて規模の経済を最大化するとともに，ストアオペレーションの効率化も実現して，競争優位を得たのである。

　しかしながら，日本においては小売業者がロジスティクスの実行部分まで担う事例は多くない。小売業者にとってロジスティクスが重要だと認識される場合でも，実業務は卸売業者や3PL事業者にアウトソーシングする場合が多い。根本（2009）は欧米の小売業者が卸売機能を統合する傾向があるのに対して，日本では卸売業者が介在する理由として「チェーン小売業の成長期には，メーカーの特約店や代理店である卸売業が，過当競争を引き起こすほど存在」しており「成長するチェーン小売業との取引を確保するため，価格・非価格両面で様々な譲歩をしたうえ，物流システムや情報システムを進んで整備し，チェーン小売業の流通システム構築に協力してきた」ために，卸売業を活用するほうが合理的であったと論じている（根本 2009 pp.63-66）。卸売業者が競争環境の中で，物流機能を強化する傾向が指摘された。

　その他に考えられる理由として，小売業者において，そもそもロジスティクスオペレーションに関するノウハウが少ない可能性が指摘できる。伝統的な店舗型小売業者は，卸売業者等から納品を受ける立場であったため，ロジスティクスに関しては受動的な存在であった。そのため，ロジスティクスに関する経験やノウハウが蓄積されてこなかったと推察できる。

　さらに，小売業者の経営資源の制約も考えられる。小売業者であれば，販売の拡大に直結する出店等に優先して経営資源を振り向けるであろう。そのため，ロジスティクスに対する投資の優先順位は低くなる。ロジスティクスの経験やノウハウが不足しているならば，なおさら経営資源を振り向けるのは考えにくい。しまむらのように物流の自社化が強みとなっている事例（小川 2000 pp.193-195）もあるが，日本では多くの場合，小売ミックス実現に必要なロジスティクスに関する要件は小売業者自らが立案する一方で，実際の業務は卸売業者や3PL事業者にアウトソーシングする結果となる。すなわち，ロジスティクス革新の実行に外部資源を活用しながら，小売業者としての成長力を最大化していると考えられる。

　以上の議論を整理したのが図2-2である。

　物流条件が満たされず，やむを得ずロジスティクスを自ら熟慮・設計する事

図2-2　小売業者のロジスティクス革新における関与の範囲

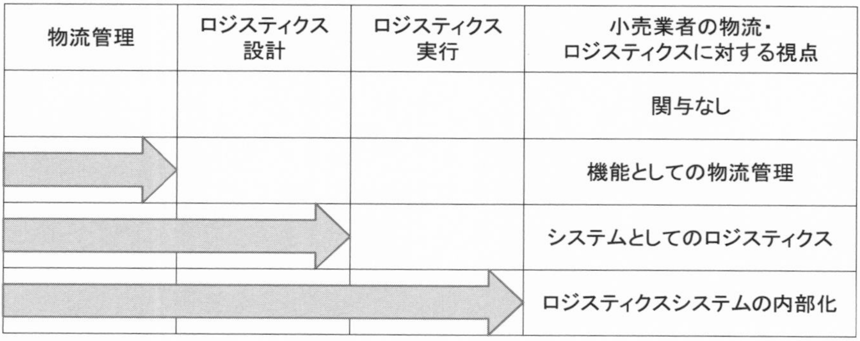

物流管理	ロジスティクス設計	ロジスティクス実行	小売業者の物流・ロジスティクスに対する視点
			関与なし
			機能としての物流管理
			システムとしてのロジスティクス
			ロジスティクスシステムの内部化

出典：筆者作成

態が，小売業者のロジスティクス革新の端緒となる。ロジスティクスの設計を小売業者自らが行うものの，小売事業拡大に経営資源を優先的に振り向けるために，卸売業者や3PL事業者へのロジスティクスアウトソーシングが効果的である。その結果，ロジスティクス革新の成果を最大化しながら小売業者の事業成長が可能なる。小売プロセス革新は学習効果が大きく，その模倣困難性が持続的な競争優位の基盤となる（高嶋 2010 pp.6-9）。物流条件を単に取引条件の一つとして捉え，規模の経済に依存した勢力の行使によって，製造業者や卸売業者に対してより良い物流条件を要求するだけでは，ロジスティクス革新に必要な学習効果は得られない。また，成長の過程で卸売業者や3PL事業者に対するロジスティクスアウトソーシングも有効であるが，ロジスティクスの設計・管理のすべてを外部に依存しては，同じく学習効果を得られない。文献レビューで示した企業事例から鑑みれば，設計部分を中心としてロジスティクス革新を主体的に行うか否かは，小売業者の競争力に大きな影響を与えると言えるだろう。

第5節　考察

1.店舗型小売業者のロジスティクスに影響を与える小売ミックスの要素

　本研究では，文献レビューを通じて，個々の文献において断片化していたロジスティクスに影響を与える小売ミックスを構成する要素の統合を試みた。その結果，①販売量の増加，②多店舗化を前提としながら，③店舗の規模，④品揃えの広さ，⑤商品特性（温度帯や賞味期限），⑥目標となる欠品率が小売業のロジスティクスに影響を与える変数として指摘され，それを支える⑦情報システムの重要性を明らかにした。それぞれが納品リードタイム，配送頻度，配送ロットサイズといった物流条件に加えて，一括物流のためのネットワーク構造や物流設備に作用して，小売ロジスティクスの形態に影響を与える関係性が示された。

　ここから得られる示唆は，店舗型小売業者におけるロジスティクス研究が，店舗における品揃えや商品の品質を実現するためのロジスティクスを効果的・効率的に実現するという小売業者視点となっている点である。マーチャンダイジングのプロセス計画では，①カテゴリー毎の売上予測，②品揃え計画作成，③適切な在庫水準と製品アベイラビリティの決定，④在庫管理計画の作成，⑤店舗への商品配分，⑥商品購入，⑦パフォーマンスの評価および調整といったサイクルが繰り返される（Levy et al. 2014 pp.324-325）。マーチャンダイジングの視点から見れば，③適切な在庫水準と製品アベイラビリティを決定した後に，④在庫管理計画の作成以降のプロセスをいかに行うかという視点で，ロジスティクスが捉えられてきたと言える。

2.店舗型小売業者のロジスティクスに対する関与

　文献レビューの結果，小売業者が機能として物流を管理する「物流管理」，ロジスティクスの設計を自ら行い，実業務は卸売業者や3PL事業者にアウトソーシングする「ロジスティクス設計」，ロジスティクスの設計から実行まで小売業者が自ら行う「ロジスティクス実行」に分類された。単に規模の経済に

依存したパワーの行使によって，製造業者や卸売業者に対してより良い物流条件を要求するだけでは，ロジスティクス革新は実現できない。セブン-イレブンやしまむらは「複数のベンダーを価格面で競い合わせる従来型の仕組み」ではなく，「物流革新を行いやすいように自社の業務プロセスを変更」して，「自社で物流革新を積極的に行って」きたのである（小川 2000 pp.201-202）。かつては取引条件の一つであった物流条件を，システムとしてのロジスティクスと捉え，自らロジスティクス革新に取り組む小売業者が競争優位の獲得を実現するだろう。すなわち，「物流管理」から「ロジスティクス設計」への発展が転換点と捉えられるのである。日本のチェーンストアにおいて，出店戦略が優先され物流戦略が後回しになり，自ら率先して物流問題に取り組んでこなかったとの批判もある（臼井 2001 pp.16-17）。配送センターを基準にした店舗展開（小川 2005；菊池 2010；Roberts and Berg 2012；八木橋 2015）も示されており，マーケティングとロジスティクスを同期した戦略が有効となる。その過程で卸売業者や3PL事業者へのアウトソーシングを活用してロジスティクス革新に必要な外部資源を活用する構図も示した。

　この議論を拡張すると，小売業者のPBやSPA[14]は，原材料調達も含めた製造過程をも小売業者の管下に置きながら，製造から販売までの一貫したサプライチェーンを実現するプロセスと理解できる。それは小売業のロジスティクス範囲を拡大させる。すなわち，製造プロセスや一次物流までを取り込んだロジスティクスが可能になるPBやSPAは，製造段階も包含したロジスティクス革新による，より大きな果実を得る機会が存在する可能性がある。PBやSPAの広がりは，小売業者による能動的なロジスティクスへの関与が，競争優位を得るためのより重要な戦略となる傾向を強めると考えられる。

---

(14) specialty store retailer of private label apparel の略で，企画から製造，小売までを一貫して行うアパレルのビジネスモデルを指す。

第6節　小括

　本章では，小売ミックスがロジスティクスに影響を与え，小売ミックスの進化がロジスティクスへの関与を増大させる関係を示した。しかしながら，店舗型小売業者では，消費者との接点が店舗になるため，ラストマイルの問題は議論されていない。また，小売ミックスを実現するための効率性を重視した，小売業者視点の研究が中心と言える。

　したがって，オムニチャネル小売業の洞察をさらに深める知見を得るために，次章では通信販売のロジスティクス研究に対する文献レビューを行う。

第3章
通信販売の
ロジスティクス研究に対する
文献レビュー

小売業者のオムニチャネル化は，伝統的な店舗型小売業者のインターネット通販市場への参入による場合が多く，通信販売の知見がオムニチャネルの成否に大きな意味を持つと考えられる。

　したがって，本章では通信販売のロジスティクス研究の文献レビューを行う。特に，インターネットの登場によりインターネット通販の研究が増加している点を踏まえて，主にインターネット通販のロジスティクス研究に焦点を当てた。その結果，先行研究の対象が，①フルフィルメント，②物流サービスに分類できた。したがって，第1節でフルフィルメントに関する先行研究を，第2節で物流サービスに関する先行研究を，それぞれ文献レビューする。第3節で，文献レビューから得られた知見を整理する。そのうえで，第4節で，オムニチャネル小売業のロジスティクスへ与える示唆に対する考察を行う。

第1節　フルフィルメント

　インターネット通販は，それまでのカタログ通販と異なり，受注から配達までのシームレスな情報追跡能力や品揃え物の増加により，ロジスティクスの困難性が増した（Maltz et al. 2004）。そのため，通信販売におけるロジスティクスに関する研究は，インターネット通販登場以降が中心を占める。

　店舗型小売業においては，店舗から先の流通活動は消費者によって担われているため，ロジスティクスの視点からは消費者が研究対象にはならなかった。しかしながら，インターネット通販では，①注文受付，②受注処理，③ピッキングと包装，④発送，および⑤アフターサービス・返品というプロセスで構成されるフルフィルメント業務（Pyke et al. 2001）が必要となる。インターネット通販では消費者の自宅へ直接商品を届けるため，発注単位が小さくなり業務負荷が大きくなる（菊池 2011）。したがって，店舗納品とは異なるロジスティクスオペレーションが必要になる（Zhang et al. 2010）が，出荷や運用に係る費用の高さや脆弱なロジスティクスはインターネット通販成長の阻害要因（Grewal et al. 2004）となった。

　伝統的な店舗型小売業者が，インターネット通販におけるフルフィルメントを実施する方法として，①既存センターからの発送，②専用フルフィルメントセンターから発送，③3PL事業者へのアウトソーシング，④サプライヤーから直接消費者へ発送，⑤既存小売店舗から消費者に発送，および⑥店舗を持たない製造業者が提携した小売店舗に発送して委託するといった様々な方法があるが，インターネット通販のフルフィルメント戦略はサービスレベルとロジスティクスコストのトレードオフを注意深く考慮すべきとされた（Lummus and Vokurka 2002）。イギリスでの調査では，マルチチャネル小売業者の約51％が既存センターからの発送を行っており，専用フルフィルメントセンターが約29％，店舗からの出荷は約11％であった（Nicholls and Watson 2005）。幅広い品揃えを持つ食料品小売業者は，インターネット通販の注文量が少ない場合は店舗向けの既存センターを活用するが，注文量が増加すると専用フルフィルメントセンターを使用する（De Koster 2002）といったネットワーク構造に影響を与える要因が調査された。また，④サプライヤーから直接消費者へ発送する方式は，小売業の物流センターに商品在庫を持たず，受注後にサプライヤーに発送依頼をする形態でドロップシッピングと呼ばれる。製品の種類の多さ・粗利益の高さ・需要の不確実性といった要因により，ドロップシッピングの採用が増える傾向（Randall et al. 2006）も示されており，インターネット通販に特徴的なロジスティクスネットワーク構造と言えるだろう。

　消費者の自宅への配達には，店舗型流通と異なる在庫システムおよび流通システムが必要だが，既存店舗を商品受け渡し場所としての役割に限定する可能性も提起され（Burt and Sparks 2003），多様なネットワーク構造が考えられる。

　テレビ通販の事例研究では，多様なチャネルからの注文を情報システムで一元管理して，社内の各部門で閲覧できる仕組みや，放送後に集中する注文を処理するために物流センターの高い保管能力および出荷処理能力を実装して，受注翌日の全量出荷体制を築くといった取り組みがなされている（菊池他2013）。受注後の出荷作業の軽視によりロジスティクスが混乱した事例(Quelch and Takeuchi 1981）もあり，フルフィルメント品質がリピート購買を駆動するために重要（Burt and Sparks 2003）になるため，フルフィルメントを支えるロジスティクスオペレーションも，インターネット通販において必須の能力と考えられた。

　インターネット通販のフルフィルメントが3PL事業者へアウトソーシングされる場合もある。温度管理や特殊な取扱商品が不要であれば，アウトソーシングが行われる傾向（De Koster 2003）や，インターネット通販専業事業者は一般的にロジスティクスに供する施設を持っていないため，マルチチャネル小売業者よりも，アウトソーシング傾向が高いという調査結果（Rao et al. 2009）が示された。

　Rabinovich et al. (2007) は，インターネット通販事業者の3PL事業者利用を，取引費用理論に基づいて実証分析を行い，ロジスティクスサービスの低い資産特殊性および3PL事業者のパフォーマンスと外部環境の不確実性の減少が3PL事業者へのロジスティクスアウトソーシングを促進するという研究結果を得た。

　今後，インターネット通販市場が拡大するにつれ，ロジスティクスアウトソーシングの転換点がどこで訪れるかが興味深い問いになると考えられた（Rao et al. 2009）。

　通信販売フルフィルメントにおけるロジスティクス研究対象の関係性を示したのが図3-1である。

　通信販売のフルフィルメントに関するロジスティクス研究は，①通信販売に特徴的なオペレーション，②ロジスティクスネットワーク構造，および③3PL事業者へのアウトソーシングが主な対象領域であった。また，純粋にインターネット通販のみを専業で行う通販事業者と，すでに店舗を有している小売業者がインターネット通販市場に参入するマルチチャネル小売業との差異や統合する際の課題に焦点が当てられてきた。

図3-1　通信販売フルフィルメントのロジスティクスに関する研究対象領域

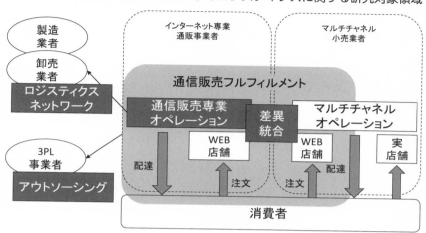

出典：筆者作成

第2節　物流サービス

　店舗型小売業におけるサービスには，店舗での人的サービスも含まれる。一方，インターネット通販では消費者が商品を注文してから，自宅に届けるラストマイルまでの物流機能が小売サービスを構成する。したがって，物流サービス品質は消費者の顧客満足を得るために重要となる。

　Rabinovich and Bailey（2004）は，主にBtoBで研究されてきた物流サービス品質（Mentzer et al. 1989）を消費者向けの物流に対する研究に適用した。具体的には，受注から発送までの「アベイラビリティ」，発送から配達までの「適時性」，その両方をあわせた「信頼性」という構成概念で物流サービス品質（Physical Distribution Service Quality）が捉えられた。これらの構成概念を用いた実証分析により，インターネット通販利用者が高い物流サービス品質に対して高い価格を支払う関係性が明らかになった。その他にも，インターネット通販専業事業者と比較して，店舗を有するマルチチャネル小売業者の方が複数チャネルの規模の経済を活かしてアベイラビリティは高く，さらにはインター

ネット通販経験が長い企業よりも新規参入企業の方がアベイラビリティは高いという分析結果となった。また，マルチチャネル小売業者の方が店舗向けの在庫をインターネット通販にも活かせる点，インターネット通販に新規参入する企業は既存のインターネット通販事業者に対抗するために優れた物流サービス品質による競争優位を求める可能性等が示された。

食料雑貨業界を対象にした，オンラインサイトの使いやすさを表す「eビジネス品質」と「製品品質」および「サービス品質」が顧客の行動意図に与える影響に関するアンケート調査では，ロジスティクスネットワーク構造によって差はあるものの，すべての品質が顧客の購買意図に正の影響を与える（Boyer and Hult 2005）など，物流サービスと顧客満足の関係性が示された。

Xing and Grant (2006) は，Rabinovich and Bailey (2004) の研究で用いられた物流サービス品質（Physical Distribution Service Quality）の「アベイラビリティ」，「適時性」，「信頼性」の3次元に加えて，「返品」を加えた4次元でインターネット通販に適した新たなePDSQを考案した。

ePDSQを用いた実証研究では，自宅への配達に際して重視する要素として，第一に誤出荷や破損等のない注文状態，第二に注文正確性といった信頼性次元が上位になり，在庫の確保状況によるアベイラビリティが続いた。また，マルチチャネル小売業者よりインターネット通販専業事業者の方がePDSQは高い結果が示された（Xing et al. 2010）。

Bhattacharjya et al. (2016) は，消費者接点としてSNSのツイッター上でつぶやかれるロジスティクス関連のツイートを基にした研究を行った。アジア・欧州・北米・オセアニア各地域の23の小売業者に対する5,000の会話を分析した結果，①「発送前」のテーマとして，注文訂正や届け先変更といった注文処理に関する内容，②「配達前」のテーマとして，発送および配達に関する情報についての内容，および③「配達後」のテーマとして，商品配達時の品質，発送から配達過程の状態，返金や再注文，返品プロセスに関する内容が言及されている点を明らかにした。調査結果を受けた実務への示唆として，①ロジスティクス関連の問題解決にツイッターが使用されており，これらを活用してい

図3-2　通信販売における消費者接点の物流サービスに関する研究対象領域

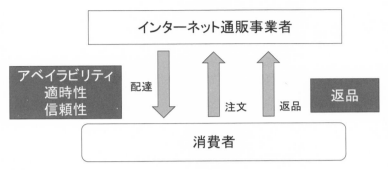

出典：筆者作成

くべき点，②ツイッターが誰でも見られるツールであるために，他の消費者の
ツイートを見ての問題解決や，顧客サービスの否定的ないし肯定的なツイート
を閲覧できる点，および③顧客の質問にロジスティクスも含めたサプライ
チェーン内の企業と協力して関与すべき点が示された。

　インターネット通販のラストマイルに関して，消費者が配送会社を選択でき
ると購買意図が高まる（Esper et al. 2003）調査結果も示されており，消費者
との直接的な接点における物流サービスが重要となるが，ラストマイルの消費
者のアベイラビリティと配送費用と安全性のバランスを図る必要性（Fernie et
al. 2010）も考慮すべきであろう。

　通信販売のロジスティクスをサービスの視点で捉えた研究では，先行研究で
物流サービス品質の下位構成概念であったアベイラビリティ・適時性・信頼性
に加えて返品といったサービス品質に対する消費者の評価や通販事業者のタイ
プによる違いなどに焦点が当てられてきた。

第３節　文献レビューから得られる知見

　これまでレビューしてきた，通信販売における主なロジスティクス研究を整

理したのが表3-1である。

　先行研究を見ると，初期段階では通信販売のロジスティクスオペレーション
を基盤とした通販フルフィルメントに関する研究が中心であったが，年代を経
るにつれてロジスティクスのサービス品質にも焦点が当たってきたのがわか
る。

　フルフィルメントが研究対象となる理由として，通信販売におけるフルフィ
ルメント業務を小売業者が行う際の業務の煩雑さがある。伝統的な店舗型小売
業者が通信販売を開始するに際して，既存にある店舗納品型の流通センターを
活用できれば範囲の経済が活かせる。しかしながら，大ロットを想定した店舗
向けオペレーションと異なり，通信販売のロジスティクスは，消費者の自宅へ
の配達を前提とした極めて小ロット向けのオペレーションが必要になる。その
ため流通センターが機械化等を通じて店舗向けの納品業務に適しているほど，
通信販売向けのオペレーションに応用できず，範囲の経済が生かせないジレン
マが生じる。そのため，インターネット通販専業事業者のフィルフィルメント
の方が，より高い消費者満足につながる（Xing et al. 2010）。したがって，通
信販売の効率向上および消費者満足の達成には，ロジスティクスオペレーショ
ンは重要な要素となる。

　一方で，消費者に対するサービスとしてのロジスティクス研究があげられ
る。消費者の視点から見れば，商品を注文してから自宅に届くまでが小売業者
の提供するサービスと捉えられる。小売店舗での購買であれば，購買と商品の
入手は同時に行われるため，その間にリードタイムは存在しない。通信販売の
場合，注文から配達が完了するまでのリードタイムはロジスティクス由来の
サービスであり，要する時間や適時性は品質を構成する要素となる。カタログ
通販と比較して，インターネットを利用した通信販売では，短いリードタイム
に対する消費者需要が高まる可能性もある。また，届いた商品に関する破損等
の有無や，小売店舗の従業員に代わって顧客接点を担う配達員の接客も，同じ
くサービス品質の構成要素である。これらの物流サービス品質は，小売店舗で
提供されてきた小売サービスに代替する重要性を持つ。

62

表3-1　通信販売におけるロジスティクス研究

著者	研究対象	ロジスティクス分類	視点
Lummus and Vokurka (2002)	インターネット通販フルフィルメント	オペレーション アウトソーシング	小売業者
De Koster (2002)	食料品小売業者のインターネット通販における流通構造	ネットワーク構造	小売業者
Esper et al. (2003)	ラストマイルの消費者に対する影響	オペレーション	消費者
De Koster (2003)	インターネット通販の流通戦略	ネットワーク構造 アウトソーシング	小売業者
Burt and Sparks (2003)	小売業のプロセスイノベーション	オペレーション	小売業者
Grewal et al. (2004)	インターネット通販の促進要因と阻害要因	オペレーション	小売業者
Rabinovich and Bailey (2004)	物流サービス品質の先行要因	サービス品質	小売業者
Maltz et al. (2004)	インターネット通販の成功要因	ネットワーク構造 オペレーション	小売業者
Boyer and Hult (2005)	ロジスティクス構造の違いによる顧客購買意図への影響	サービス品質	消費者
Nicholls and Watson (2005)	インターネット通販戦略	ネットワーク構造 オペレーション	小売業者
Randall et al. (2006)	ドロップシッピングと在庫保有型の比較	ネットワーク構造	小売業者
Xing and Grant (2006)	インターネット通販物流サービス品質尺度開発	サービス品質	消費者
Rabinovich et al. (2007)	3PL事業者へのアウトソーシング	アウトソーシング	小売業者
Rao et al. (2009)	インターネット通販専業事業者と店舗型小売業の比較	アウトソーシング	小売業者
Zhang et al. (2010)	店舗型小売業がマルチチャネル化する際の課題	オペレーション アウトソーシング	小売業者
Xing et al. (2010)	インターネット通販の物流サービス品質の実証分析	サービス品質	消費者
菊池他（2013）	テレビ通販の事例研究	オペレーション	小売業者
Bhattacharjya et al. (2016)	通販利用者のツイッター分析	サービス品質	消費者

出典：筆者作成

通信販売におけるロジスティクスオペレーションと，消費者視点のサービスとしてのロジスティクスは相互に密接に関連している。オペレーション効率が高まれば，受注から配達までのリードタイム短縮も可能になり，物流サービス品質の適時性や信頼性にも正の影響がもたらされる。小売業者視点のロジスティクスオペレーション研究と消費者視点のロジスティクスサービス研究が相補的な関係を構成しながら，通信販売のロジスティクス研究は発展してきたと捉えられる。

　しかしながら，インターネット通販の物流サービス品質の向上によって，すべての消費者のインターネット通販利用が惹起されるわけではない。消費者庁が2014年に行った「消費者意識基本調査」によれば，消費者がインターネット通販を利用した理由として，①営業時間を気にせず買い物ができるから（66.9%），②品ぞろえが豊富，インターネット通販でしか買えない商品があるから（61.0%），③安いから（58.1%），および④様々な商品の価格や品質を比較しやすいから（53.1%）といった回答があげられた。理論的には，消費者が探索に使う貨幣費用と時間費用といった探索費用の低さ（田村 2001 p.318）が強調されるが，それ以外にも，商品価格の低さ，接客からの解放，商品選択時間の高い自由度（首藤 2010 p.135）等が利点として指摘されている。これらの要素をロジスティクスとの関連で見るとき，ロジスティクス効率の向上により，フルフィルメントが低コストになれば，商品価格の低下に寄与するかもしれない。ただし，それ以外の要素はロジスティクスとは直接的に関係していない。すなわち，通信販売のロジスティクス研究，特に物流サービス研究は，消費者がインターネット通販を利用するか否かという視点ではなく，インターネット通販事業者間の競争環境における優位性を構築するための顧客満足に関する議論という側面が指摘できる。

　逆に言えば，物流サービス研究は，インターネット通販利用者の満足度に物流サービスがいかに貢献するかを測定する役割を果たすものの，消費者が他のチャネルではなくインターネット通販を利用しようとする意向と物流サービスとの間の関連性については議論されていないという課題が残るのである。

第4節　オムニチャネル小売業の ロジスティクスに対する示唆

これまでの議論によって，店舗型小売業者がオムニチャネル化する際に，以下の対処すべき課題が生じる。

第一に，伝統的な店舗型小売業者のオムニチャネル化は，店舗納品先数と比較すれば，個人宅への配送になり，ロジスティクスネットワーク構造の視点から圧倒的な納品先の増加を意味する。また，個々の消費者の注文に応じるため，発送単位は極めて小ロットになる。したがって，オムニチャネルは，通信販売の小規模多拠点納品という要素を取り込むため，売上に対する物流コスト比率の増加に直面する。先行研究でも指摘されている通り，店舗納品と通信販売では，ロジスティクスオペレーションが異なる。大規模な設備投資等で店舗納品に適したロジスティクス体制を構築している小売業者ほど，通信販売向けのオペレーションを同時に行うのが難しくなる。

また，納品リードタイムについての議論がある。インターネット通販では翌日配達・当日配達といった受注から配達までのスピードを重視する戦略を取る事業者も多い。小売業者の主たる業態が店舗型の場合，インターネット通販向けのオペレーションの優先度が低くなり，受注から配達までのリードタイムが長くなるリスクがある。店舗型小売業者は，既存の流通センターを活用して範囲の経済を志向するか，新規に流通センターを設置して，インターネット通販に特化したオペレーションを構築するか，もしくは既存店舗から出荷するかの選択を迫られる。

第二に，情報技術の側面では，第1章で述べた通り，モバイル端末の普及が，チャネルを超えた購買行動が生じる要因となった。伝統的な店舗型小売業者では，POSによる購買時データが起点であった。通信販売においては，消費者の注文情報が起点であった。チャネルが別個に機能するマルチチャネル環境では，それぞれの起点となるデータをもとに，個別のチャネルごとに最適化を図ればよかった。しかしながら，オムニチャネルでは，小売業の活動がどの顧客

接点で始まっても，あらゆる流通チャネルが利用される可能性がある。多様な受注チャネルに対応できる柔軟性を実現するために，チャネル間の情報統合が必要になる。

　また，消費者視点から見れば，品揃え物がチャネルごとに別個で管理され，チャネルごとに品揃え物を確認するプロセスが求められれば利便性が低くなる。そこで，異なるチャネルを超えた品揃え物統合が必要になる。その結果，消費者のチャネルを超えた購買行動が促進される。

　また，従来では，キャンセル等はあるものの，消費者が注文後にサプライチェーンのプロセスに関与する例は少なかった。しかしながら，Bhattachar-jya et al. (2016) のツイッターに関する研究結果が示すように，オムニチャネルでは，流通途中で受取場所や時間の変更，購買した後で購買チャネルと異なるチャネルからの返品といった事象が生じる可能性がある。商品の流通段階をリアルタイムに追跡する情報技術と消費者の情報に俊敏かつ柔軟に対応できるサービスとしてのロジスティクスが必要になる。

　第三に，オムニチャネルに特有な新サービスがあげられる。オンラインで注文して店頭で引き取るC&Cや，店頭で注文して宅配するサービスといったサービスを展開する際のロジスティクスに関して研究が始まっている（Swaid and Wigand 2012; Gallino and Moreno 2014; Murfield et al. 2017; Lim et al. 2017）。C&Cに典型的なように，受注はオンラインで行われ，商品を店舗に納品する際に，既存の店舗流通ネットワークを活用するのか，宅配便等のネットワークを利用するかの検討が必要になる。また自社店舗でない受取拠点を設けた場合も，いかなるネットワークで流通を行うかといったロジスティクスネットワーク構造の課題が発生する。

　マルチチャネル環境下では，伝統的な店舗型小売業者やインターネット通販事業者はその小売業態の違いから，個々に最適化を目指す異なるロジスティクスを構築してきた。しかしながら，チャネル統合と顧客のシームレスな購買経験を実現するオムニチャネルを志向するならば，ロジスティクスの統合が必要になる。それに加えて，消費者から発信される情報に対して，チャネルを超え

て俊敏かつ柔軟な対応ができるロジスティクスが求められる。

第5節　小括

　通信販売におけるロジスティクスを分析しながら，オムニチャネル小売業の
ロジスティクスについて考察してきた。アメリカにおいてはシアーズ・ロー
バックの時代から，日本においても1890年代に三越が通信販売を開始（満薗
2014 pp.90-92）するなど，通信販売と店舗流通は小売経営において並行して
実施されており，複数チャネルをどのように管理するかは，古くて新しい課題
である。これについてChandler (1962) は，マネジメントする組織の視点から
研究を行ったが，チャネルの統合志向を持つオムニチャネル概念の登場で，情
報システムやロジスティクスも対処すべき重要な課題となるであろう。

　伝統的な店舗型小売業者のオムニチャネル化は，ロジスティクスにおいて店
舗数拡大と多様な店舗規模を有する変化と同様の意味を持つ。また，品揃え
物・価格・接客サービスといった小売ミックスに関する戦略次第でロジスティ
クスのネットワーク構造やオペレーションを再検討する必要が生じる可能性が
ある。

　また，モバイル端末の普及という情報技術の革新によって，消費者にとって
チャネルの境界があいまいになり，購買プロセスがチャネルを横断する事象が
生まれてきた。商品の注文前だけでなく，注文した後も刻々と変化する消費者
の購買行動に対応できるサービスとしてのロジスティクス構築が必要になる。
従来の店舗型小売業のロジスティクス研究では効率の側面が強調されてきた傾
向があるが，チャネルを超えたロジスティクス実現のための俊敏性と柔軟性も
重要な概念となる。

　したがって，オムニチャネル小売業のロジスティクス統合は，店舗型小売業
と通信販売のロジスティクス研究の知見を合成するだけでは，不足している。
新たな分析フレームワークが必要と考えられる。

第4章
消費者視点で見た
オムニチャネルの
ロジスティクス統合

第2章で，店舗型小売業者のロジスティクス研究を文献レビューして，小売業者がいかにロジスティクスに関与してきたかを明らかにした。革新的な小売ミックスの登場が，取引条件の一部である物流条件の大幅な修正を必要とし，その結果として小売業者がロジスティクスに関与する構図が明らかになった。それは店舗における小売ミックスを実現するための小売業によるロジスティクス管理であった。

　第3章で，通信販売ロジスティクス研究の文献レビューを行った。その結果，①通信販売におけるフルフィルメント，②消費者に対する物流サービスが主たる研究対象である結果が示された。店舗型小売業では考慮する必要がなかった，受注から商品を消費者に引き渡すまでの過程を示すフルフィルメントと，消費者に商品を配達する形態となるために物流がサービスとして捉えられる特徴の存在を明らかにした。しかしながら，総じて言えば，小売業のロジスティクス研究の多くは，小売業者視点の効率性に焦点を当てた議論であった。

　第1章でのオムニチャネルの定義にあるように，オムニチャネル小売業研究では「消費者視点」が強調される。その半面，小売業のロジスティクス研究では「小売業者視点」の効率性に議論が当たる傾向が強い。そのために，オムニチャネル小売業における「ロジスティクス統合」が，オムニチャネルの定義にある「消費者のシームレスな購買経験」に影響を与えるか否かという視点が欠落している。

　したがって，本章では，オムニチャネルにおいて消費者の購買経験に直接影響をもたらすロジスティクス統合に焦点を当てる。第1節で，Hübner et al. (2016b) のフレームワークを基に，消費者視点で見たロジスティクス統合の対象を明らかにする。第2節で，Bell et al. (2014) のフレームワークを用いて，消費者のチャネルを超えた購買行動が，オムニチャネル小売業者のロジスティクスに与える影響を明らかにする。第3節で，オムニチャネル小売業のロジスティクスを分析するために，フレームワークの拡張を試みる。第4節では，返品に伴うロジスティクス統合を考察する。

第1節　消費者視点で見たロジスティクス統合

　Hübner et al. (2016b) のフレームワークに基づけば，マルチチャネルからオムニチャネルへ進化するにあたり，①在庫，②ピッキング，③品揃え物，④配達，⑤返品，⑥組織，および⑦情報システムがロジスティクスにおける課題であった。その中で，在庫・ピッキング・組織・情報システムは統合志向でシナジーを生み出すのが目的となる。一方で，オンラインの品揃え物・配達・返品は消費者の選択肢を増やす拡張志向で，顧客がより便利なサービスオプションを選択できる点が強調された。

　消費者視点で見ると，①在庫や②ピッキング作業を同一の拠点で行うか否かは意味を持たない。Hübner et al. (2016b) も「倉庫や在庫の統合効果はチャネルをまたがるピッキングの複雑性に伴う費用を上回る」（Hübner et al. 2016b p.576）結果が示された。小売業者にとっての効率性の観点に立った議論と言える。

　また，⑥組織や⑦情報システムは，消費者の購買経験に影響を与える可能性がある。第2章では，店舗型小売業のロジスティクスにおいて，情報システムがインフラとしての役割を担う点を明らかにした。オムニチャネル小売業においても情報システム統合は，同様の意味を持つであろう。顧客データ・在庫データの統合がなされていない状態で，消費者にシームレスな購買経験をもたらすのは困難である。情報システム統合は，小売業者がオムニチャネルに取り組むための前提条件と考えられる。したがって，組織や情報システムはロジスティクス固有の課題というより，小売業者がオムニチャネル化する際に取り組むべき，小売業者の内部管理の課題という側面が強いと言える。

　一方で，③品揃え物，④配達，および⑤返品は消費者の購買経験と直接関連する。チャネルごとの品揃え物がインターネット上で統合されていれば，消費者の商品選択の幅が広がる。配達や返品の品質や利便性は，消費者の満足度に影響をもたらす。

　以上の議論によって，「在庫」や「ピッキング」作業の統合は効率性に焦点

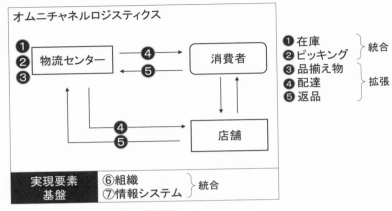

図4-1　オムニチャネル小売業のロジスティクスにおける統合と拡張の要素

出典：Hübner et al. (2016b) p.571 を一部修正

が当たっており，消費者の購買経験に影響をもたらすロジスティクス統合ではないのがわかる。「組織」と「情報システム」は，企業の内部的な課題としての要素が強い。統合志向の4つの要素は，効率性の側面が強いと言える。それに対して，拡張志向である「品揃え物」や「配達」，「返品」は消費者の購買経験に直接影響をもたらす要素と言える。特に，ラストマイルは消費者と直接接点を持つ物流機能であり，消費者の購買経験に影響を与える。ラストマイル問題がオムニチャネルにおける重要課題（Hübner et al. 2016a; Melacini et al. 2018）となるのは，消費者の購買経験と直接関係する点にあるだろう。品揃え物については第7章で議論する。本章では，消費者の購買経験に対して直接影響を与えるロジスティクス統合の要素として配達・返品を検討対象とする。

第2節　消費者の購買経験に直接影響を与える ロジスティクス統合

　第1章でレビューしたBell et al. (2014) の図1-5を用いて，オムニチャネルとロジスティクスとの関係性を考察したい。

図4-2　オンライン小売＋ショールーム

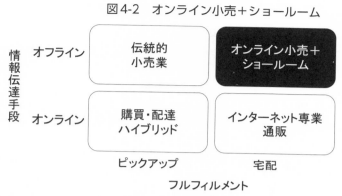

出典：Bell et al. (2014) p.47を一部修正

　Bell et al. (2014) は消費者視点に立ち，情報とフルフィルメントに焦点を当てた。フレームワークの縦軸は，情報伝達手段（information delivered）となっているが，論文中では，情報探索から購買意思決定まで含んで捉えられていた。したがって，ロジスティクスの視点からは，情報探索した結果としての購買意思決定がオンラインかオフラインかという分類になる。

　最初に，左上象限の「伝統的小売業」および右下象限の「インターネット専業通販」に関しては，従来型の小売業態であるため，既存の物流チャネルが存在する。したがって，チャネルを超えたロジスティクス統合は必要とされない。

　次に右上象限，すなわち情報伝達手段は店舗（オフライン），フルフィルメントは宅配の場合を考える。

　消費者は商品購買のために店舗を訪問する。しかしながら，店舗で購入した商品をピックアップするのではなく，宅配を選択する。この場合，ロジスティクスはどのように変化するだろうか。

　商品在庫が店舗にない場合，通信販売の出荷を行う物流センターから消費者へ直接宅配する通信販売の物流チャネル使用が想定される。そのため，右下象限のインターネット通販専業事業者と同じ物流チャネルが利用される結果とな

る。マルチチャネル化している小売業者であれば，すでに構築された通信販売の物流チャネルを使う方が効率的である。この場合，チャネルを超えたロジスティクス統合は発生しない。丸井グループは，店舗に在庫を持たない「体験ストア」を設置して，配送はインターネット通販の物流チャネルを利用する「ラクチンきれいシューズ」というPBを展開している(15)。このビジネスモデルは，既存の物流チャネル利用を前提にしていると言える。

　一方で，店舗の在庫を使って，消費者へ宅配する場合も考えられる。通信販売向け物流センターの商品在庫の欠品や，店舗からの出荷がリードタイム短縮になる等の理由から，小売業者は消費者の最寄り店舗からの商品発送を選択する。日本トイザらスは，実店舗の在庫から商品出荷する「シップ・フロム・ストア」サービスを拡大しており，通販の物流センターに在庫がなくても，実店舗に在庫がある限り，仮想店舗では「在庫あり」となり，欠品率を改善した。また，地域によってはリードタイム短縮を実現した(16)。

　その結果，ストアオペレーションに宅配便等の発送業務が加わる。この場合，店舗納品チャネルで店舗に在庫となった商品に対して，個人宅配向けのオペレーションが追加される（店舗納品チャネル＋通信販売チャネル）。

　最後に左下象限，すなわち情報伝達手段はオンライン，フルフィルメントは店舗等でのピックアップの組み合わせを考える。

　オンラインで注文した商品を，店舗やコンビニエンスストア・宅配ロッカー等の受け取り拠点でピックアップするC&Cが代表的なサービスである。消費者が自宅に不在がちで，自宅に宅配ボックスも設置されておらず，通信販売の物流チャネルでは荷物をなかなか受け取れない場合，自らの都合に合わせた場所と時間で商品を受け取るサービスによって利便性が高まると想定される。特に，モバイル端末を使用する場合，場所を選ばず購買行動がとれるため，現在地から最寄りの立地で商品を入手可能なサービスは利便性が高い。そのためオ

（15）日経デジタルマーケティング2018年1月号，p.30より引用
（16）通販新聞2018年6月13日

図4-3　購買・配達ハイブリッド

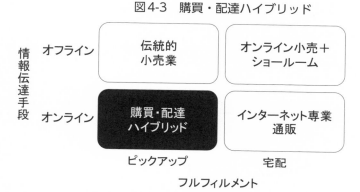

出典：Bell et al. (2014) p.47を一部修正

ンラインで注文した商品を店舗等で受け取るニーズが発生する。家電量販店の
ビックカメラやヨドバシカメラは，インターネットの仮想店舗で検索した商品
に関する店舗在庫の有無や取り置きに要する時間に関する情報も提供している
（大下・菊池 2018）。その結果，小売業者には，店舗納品の物流チャネルを完
結した後に，個別の消費者への対応が加わるのである。

　この対応は，厳密に言えば，ピックアップ拠点に当該商品の在庫がある場合
と，ない場合に分類できる。前者は，すでに店舗納品されている在庫の中か
ら，当該商品をピックアップして消費者の来店に備える必要がある[17]。後者は，
当該商品が納品されてきた場合，それがオンラインチャネルでの注文であるの
を識別して店舗における品揃え物に加えず，同じく消費者の来店に備える必要
がある。いずれにしても，店舗納品チャネルに通信販売チャネルで必要とされ
る物流機能を加える必要が生じる（店舗納品チャネル＋通信販売チャネル）。

　さらに，ピックアップ拠点が，例えば最寄りのコンビニエンスストアや宅配
ロッカーといった小売業者の店舗以外の場合，通常の納品業務対象外の拠点で
あると想定される。この場合，従来の店舗納品チャネルに当該拠点を新たな納

---

(17) このサービスをClick and Reserve(C&R)と呼ぶ場合もある。

品先として追加するか，通信販売チャネルを使い，当該拠点に宅配扱いで納品するかの選択が必要になる（店舗納品チャネルまたは通信販売チャネルの拡張）。

第3節　フレームワークの拡張とその意義

1.フレームワークの拡張

　前節の論点を加味して，Bell et al. (2014) のフレームワークを拡張したのが図4-4である。

　縦軸の情報伝達手段は，オンラインを「モバイル端末」と「非モバイル端末」に分割した。また，横軸のフルフィルメントは，ピックアップを「店舗」とコンビニエンスストアや宅配ロッカー等の「その他の受取拠点」に分割した。そのうえで，消費者によって求められる物流チャネルを表示した。

　第一に，消費者がフルフィルメントで宅配を選択する場合，小売業者は，既存にある通信販売チャネル，または店舗からの宅配のいずれかで対応する。前者の場合，従来の通信販売におけるロジスティクスと変化はない。しかしながら，後者の場合，店舗納品された商品に通信販売で必要とされる物流業務を追加で実施する必要がある。店舗型小売業における店舗納品と，通信販売の宅配に必要な物流機能を組み合わせたロジスティクス統合が必要となる。

　第二に，情報伝達手段がオンラインの場合，消費者が店舗でのピックアップを選択しても，ロジスティクス統合が必要になる。小売業者の店舗に当該商品の在庫がある場合は，店舗内で通信販売向けの物流センター作業と同様の業務が必要になる。当該商品をピックアップして，消費者の商品引き取りに備えた準備を行う。一方で，当該商品の在庫が店舗にない場合，店舗納品チャネルで当該商品納品後に，来店する個別の消費者に対応する作業が必要になる。

　第三に，店舗以外でのピックアップについては，小売業者にとって，商品を定期的に納品する拠点ではない可能性が高い。そのため，店舗納品もしくは通信販売の物流チャネルを用いて，受取拠点へ新たに商品を配送するといった，

図4-4　オムニチャネルのフレームワーク拡張とロジスティクスの関係

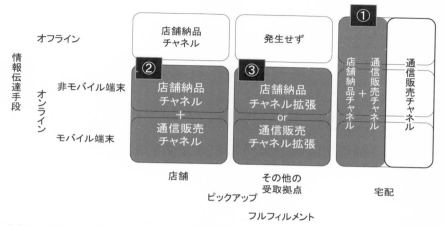

出典：Bell et al. (2014) p.47に加筆して筆者作成

既存チャネルの拡張で対応する必要が生じる。

　以上から，図4-4の白抜き文字で示した部分が，消費者の購買経験に直接影響を与える，オムニチャネル小売業者のロジスティクス統合が必要な領域となる。そして，3つの領域で，それぞれ異なるロジスティクス統合形態が求められるのである。

2. 新たなフレームワークから得られる示唆

　第一に，ロジスティクス統合を分析するために，情報伝達手段のオンラインを「モバイル端末」と「非モバイル端末」に分割して，オムニチャネル購買行動の生起確率を考慮に入れた。非モバイル端末と異なり，消費者がモバイル端末を利用する場合は，商品を発注する地理的な位置が固定化されない。そのため，非モバイル端末使用時と比較して，消費者が最も利便性の高いフルフィルメントを柔軟に選択する可能性が高まる。したがって，情報伝達手段がモバイル端末の場合に，ロジスティクス統合が必要とされる状況が生じる確率が高い。また，Rodriguez-Torrico et al. (2017) は，パソコンとモバイル端末で購

買の傾向に差がある研究結果を示した。「モバイル端末」および「非モバイル端末」を区分した視点をフレームワークに取り入れるのは，有効性が高いと考えられる。

　一方で，フルフィルメントにおけるピックアップも「店舗」と「その他受取拠点」に分割した。前節で，小売業者が対応すべきロジスティクス統合の形態が，それぞれ異なる点を明らかにした。前項で提起した新たなフレームワークにより，オムニチャネル小売業に対するより深い洞察が可能になると考えられる。

　実践的な示唆としては，消費者に対するサービスの視点で，オムニチャネル小売業者がロジスティクス統合すべき領域を明らかにした点があげられる。小売業者ごとの戦略や店舗立地，商品特性等によって強化すべき領域が異なると考えられる。本研究で提起した3つの領域のいずれを充実させるかを踏まえたうえで，ロジスティクス統合を検討する必要がある。オムニチャネルのロジスティクス統合には，費用対効果を前提とした効率性ではなく，オムニチャネル戦略の効果を発揮するために，必須の要素がある。その結果，消費者のシームレスな購買経験が実現されるため，オムニチャネル小売業にとってロジスティクス統合が重要になるのである。

第4節　返品におけるロジスティクス統合

　返品については，①消費者にとって返品の容易性と，②返品場所へのアクセスが重要と考えられる（Bernon et al. 2016 p.593）。

　最初に，消費者にとって返品の容易性は，手続きの簡単さと返金の速さを意味する。もし，オンラインで購入した商品を店舗で返品する際に，店舗の従業員が対応方法を知らなかったり，販売情報履歴が確認できなかったりすれば，消費者への対応はスムーズさを欠くだろう。すなわち，どのタッチポイントでも同じ手順で返品受付するための情報共有や，一律の対応を行うための手順の標準化，従業員教育が必要になる。

図4-5　オムニチャネルのフレームワーク拡張と返品ロジスティクスの関係

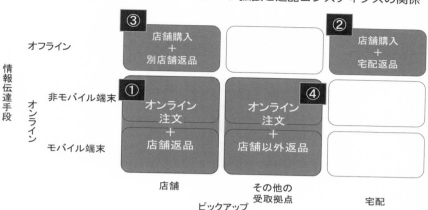

出典：Bell et al. (2014) p.47に加筆して筆者作成

　また，返金については，返品後の速やかな返金が求められる。これらは，いずれも返品可能な商品を販売する小売業者にとっては重要な課題と考えられる。ただし，課題の内容は，返品受付時の対応や返金処理が中心であり，ロジスティクスと直結した課題ではない。

　次に，返品場所へのアクセスを考えたい。購入時にチャネルを超えた購買行動を取る消費者は，返品する場合にも同様のサービスを求める可能性がある。そのため，小売業者は，より多くの返品場所が利用できる点を強調するかもしれない。チャネルを超えた消費者の返品行動を，前節で議論したBell et al. (2014) の拡張フレームワークに準じて考えると，①オンランインで注文した商品を店舗で返品，②店舗で購入した商品を宅配便等の通信販売チャネルで返品，③店舗で購入した商品を別の店舗で返品，および④オンラインで注文した商品を店舗以外の拠点で返品，が考えられる。

　初めに，①オンランインで注文した商品を店舗で返品と，③店舗で購入した商品を別の店舗で返品については，返品を受け付けた商品を当該店舗の在庫にするのか，物流センターに戻してから再配置するのかを検討する必要がある

（Bernon et al. 2016 pp.596-597）。

　次に，④店舗以外の拠点で返品する場合については，配達時における「その他の受取拠点」同様，従来の物流ネットワークが無い拠点と想定される。したがって，何らかの方法で商品を回収する必要がある。ただし，返品の場合は商品が大ロットになる可能性は低く，輸送手段として宅配便を使う例が多いと想定される。

　消費者のアクセスビリティ向上を狙いとした返品場所の増加によるロジスティクスネットワークの拡張や，返品された商品の在庫再配置はオムニチャネル小売業者にとって対処すべき課題である。しかしながら，消費者視点で見れば，いずれも小売業者内部の効率性の議論となる。消費者はどのチャネルで購入した商品でも，自分の選択したい返品場所で簡単に返品できるのが重要であり，返品に伴う消費者経験と，返品された商品をいかに効率的に扱うかというロジスティクス課題は，直接的には関係していないと言える。

　最後に，②店舗で購入した商品を通信販売チャネルで返品する場合，小売業者に対する消費者の返品依頼が起点となる。小売業者は，その依頼に対して自社物流か宅配事業者を使用するかを問わず，迅速に集荷行為を実行する必要がある。これらは，その後の返金処理のタイミングにも影響を与え，消費者の返品における経験に影響をもたらすと言えるだろう。

第5節　小括

　本章では，Hübner et al. (2016b) の提示したマルチチャネルからオムニチャネルに移行する際のロジスティクス統合を考察した。具体的には，小売業者内部の効率性視点の要素と消費者の購買経験に直接影響を与えるサービス視点の要素に分類した。

　そのうえで，ロジスティクスに関係の深い「配達」と「返品」について考察を行った。Bell et al. (2014) のフレームワークを拡張して，オムニチャネル小売業のロジスティクス統合を3×3のマトリクスで分析した。その結果，配達

時のロジスティクス統合は，3つのカテゴリーに分類可能であった。

　第一に，消費者が宅配を選択する状況で，小売業者が店舗からの出荷を選択すると，通信販売チャネルで必要とされる物流機能が店舗において必要になる点が示された。

　第二に，店舗におけるC&Cでは，店舗において通信販売チャネルで必要とされる業務が付加される点が明らかになった。

　第三に，その他の受取拠点を使用するC&Cでは，従来のロジスティクスネットワークで納品対応していない拠点となるため，既存の店舗納品チャネルに納品拠点を追加するか，通信販売チャネルで対応するかの選択が必要であった。

　この3つの領域におけるロジスティクス統合が，消費者のシームレスな購買経験に直接影響をもたらす。そして，それぞれの領域ごとに，ロジスティクス統合の形態が異なる点を明らかにした。

　また，返品については通信販売チャネルを利用した返品回収におけるスピードが，消費者の返品経験に影響を与える可能性が示された。

　しかしながら，すべての消費者が，チャネルを超えた購買行動をとるわけではない。さらに言えば，今回導出した領域すべてを頻繁に利用する消費者は少ないだろう。消費者によって，オムニチャネル小売業に求めるサービスは異なる。したがって，オムニチャネル化する小売業者すべてが，本章で論じた領域のロジスティクス統合を必須とするわけではない。その解明のために，それぞれのロジスティクス統合が消費者にもたらす便益を明らかにする必要がある。

　反対に，小売業者の立場で見れば，費用の問題がある。配達局面で見れば，ロジスティクス統合のいずれも，既存の物流チャネルに別個の物流機能を付加する必要があり，費用が必然的に増加する。また，ストアオペレーションも複雑になり，店舗における体制構築や従業員教育も必要になる。さらには，情報システム統合を前提で議論したが，そのために投資も発生する。消費者に提供できる便益と費用の関係性を考慮した取り組みが，実践的には必要となる。

　以上の議論を踏まえて，次章では日本の事例を中心として，オムニチャネル

小売業者を対象に分析を行い，オムニチャネル小売業の類型によって，ロジスティクスの重要度が異なる点を実証的に明らかにしていく。

第5章
内容分析による
オムニチャネル事例の分類

先行研究では，店舗型小売業者がオムニチャネル化するに際して，様々な統合課題に取り組むべきとされ，日本においても小売業者がオムニチャネルに取り組み始めている。しかしながら，各小売業者が使用するオムニチャネルという用語も多義的である。また，その取り組みも先行研究で指摘された内容にすべて合致しているかは定かではない。

　したがって，本章では，オムニチャネル小売業の事例を分析したうえで，それぞれの企業のオムニチャネル戦略がどのような特徴を持ち，各企業の取り組みに差異があるのかを明らかにする。第1節で，研究方法とした「内容分析」について説明する。抽出されたデータをもとに，第2節でコレスポンデンス分析，第3節で階層クラスター分析を行う。第4節では，これらの研究の統合を試みる。第5節で，本章の研究結果と，前章で提示した拡張フレームワークを整合した議論を展開する。

第1節　研究方法

　本章では，オムニチャネル小売業の類型化を図るにあたって，雑誌に掲載されたオムニチャネル小売業を対象とした「内容分析」を行った。内容分析とは「データをもとにそこから文脈に応じて再現可能でかつ妥当な推論を行うための一つの調査技法」（Krippendorff 1980 訳書p.21）であり，「コミュニケーション・メッセージの諸特性を体系的・客観的にとらえるための，主として数量的な処理を伴う手続きである」（鈴木・島崎 2006 p.116）と定義される。主に新聞や雑誌，テレビといったマス・コミュニケーション研究に用いられる手法の一つである。その多くはメディアが伝える質的な内容を量的に変換して捉える特徴を持つ。本書では，オムニチャネル小売業者の取り組みを類型化するために，後述するオムニチャネル化に必要とされる個々の取り組みの有無について，内容分析を用いて調査する。

　分析対象としては，オムニチャネル小売業を取り扱った雑誌の記事を対象とした。雑誌には個々に編集方針があり，単一の雑誌だけでは内容に偏りが生じ

る可能性がある。よって，様々なタイプの雑誌を包含している日経BP記事検索サービスを使用した。2018年7月までの記事を対象に，「オムニチャネル」，「小売」で検索を行った。個々の内容を精査した結果，36件の記事が対象となり，延べ21社の事例が抽出された。対象となった雑誌は日経ビジネス，日経情報ストラテジー，日経デジタルマーケティング，日経コンピュータ，日経クロストレンドの5誌となった。

　本研究における分析単位は，文または段落とした。カテゴリーは，第1章での先行研究分析および事例内容からオムニチャネル小売業者の取り組みを以下の項目で測定した。

　第一に，チャネル統合の視点から，①顧客データ統合，②在庫データ統合，③情報チャネル連携，④物流チャネル連携をカテゴリーとした。

　次に，チャネルを超える消費者行動に対応するために，⑤マーケティングによる消費者サービス（以下，マーケティングサービスと表記），⑥物流による消費者サービス（以下，物流サービスと表記）の二項目をあげた。

　さらに，組織変革の視点として，⑦組織・評価を導入した。

　最後に，先行研究では議論の対象となっていなかったが，オムニチャネル小売業に取り組む企業の店舗で勤務する従業員に関する記事が複数存在したために，⑧従業員満足のカテゴリーを追加した。

　抽出された記事を精読して，カテゴリーに該当する記述があれば「1」なければ「0」とした二値データを取得した。ただし，現在実施していないが，今後実施予定の取り組みとして記載されている内容については，記述なしとして扱った。記述のある項目を「○」，ない項目を空白で示したのが表5-2である。

　1社あたりの特徴の数は平均3.8件となった。8つのカテゴリーのうちで，最も多かったのが，マーケティングによる消費者サービスで21社中17件あった。次に，情報チャネル連携と顧客データ統合が12件，在庫データ統合が11件と続いた。以降は物流チャネル連携が9件，組織・評価が8件，物流による消費者サービスが7件であった。

　21社を事業開始当初に中心であった業種業態で分類すると，店舗型小売業

表5-1　内容分析の対象となった記事一覧

	企業名	事業開始時の業種業態	発言者被インタビュー者	掲載紙
1	アディダスジャパン	製造業	eコマースシニアディレクター	日経クロストレンド2018年7月号
2	アディダスジャパン	製造業	リテール・ストアオペレーションズアドミニストレーションマネージャー	日経デジタルマーケティング2018年1月号
3	丸井グループ	店舗型小売業		日経デジタルマーケティング2018年1月号
4	メガネスーパー	店舗型小売業		日経デジタルマーケティング2018年1月号
5	米アマゾン・ドット・コム	EC		日経コンピュータ2017年7月号
6	米ウォルマート	店舗型小売業		日経デジタルマーケティング2017年7月号
7	米アマゾン・ドット・コム	EC		日経デジタルマーケティング2017年7月号
8	コナカ	店舗型小売業	ディファレンス事業部GM	日経デジタルマーケティング2017年3月号
9	オーマイグラス	EC	社長	日経デジタルマーケティング2017年3月号
10	ストライプインターナショナル	製造業	メチャカリ部部長	日経デジタルマーケティング2017年3月号
11	メガネスーパー	店舗型小売業	店舗営業本部デジタルコマースグループGM	日経デジタルマーケティング2017年3月号
12	セブン&アイ・ホールディングス	店舗型小売業	社長	日経ビジネス2016年11月28日号
13	丸井グループ	店舗型小売業	専務執行役員	日経ビジネス2016年11月28日号
14	パルコ	店舗型小売業	執行役	日経ビジネス2016年11月28日号
15	良品計画	店舗型小売業	WEB事業部長	日経ビジネス2016年11月28日号
16	オットージャパン	カタログ通販	オットー事業部門長	日経ビジネス2016年11月28日号
17	キタムラ	店舗型小売業	オムニチャネル担当執行役員	日経ビジネス2016年11月28日号
18	ファーストリテイリング	店舗型小売業		日経ビジネス2016年11月28日号
19	英ファーフェッチ	EC		日経情報ストラテジー2016年12月号

20	セブン＆アイ・ホールディングス	店舗型小売業		日経ビジネス 2016年5月2日号
21	東急ハンズ	店舗型小売業	執行役員	日経デジタルマーケティング 2016年4月号
22	エービーシー・マート	卸売業	取締役経営企画室長 システムEC部長	日経情報ストラテジー 2016年1月号
23	セブン＆アイ・ホールディングス	店舗型小売業	取締役執行役員 最高情報責任者	日経コンピュータ 2015年11月26日号
24	ヨドバシカメラ	店舗型小売業	副社長	日経ビジネス 2015年10月5日号
25	ファーストリテイリング	店舗型小売業		日経ビジネス 2015年8月10・17日号
26	マツモトキヨシ	店舗型小売業	経営企画部 グループ経営管理課次長	日経コンピュータ 2015年8月6日号
27	ルクサ	EC	社長	日経デジタルマーケティング 2015年6月号
28	クロスカンパニー	製造業	WEBマーケティング 統括マネージャー	日経デジタルマーケティング 2015年6月号
29	キタムラ	店舗型小売業	執行役員EC事業部長	日経ビジネス 2015年2月2日号
30	東急ハンズ	店舗型小売業		日経デジタルマーケティング 2015年2月号
31	セブン＆アイ・ホールディングス	店舗型小売業	執行役員最高情報責任者	日経ビジネス 2015年1月19日号
32	キタムラ	店舗型小売業	執行役員EC事業部長	日経デジタルマーケティング 2014年9月号
33	J.フロント リテイリング	店舗型小売業	執行役員グループIT 新規事業開発室長	日経デジタルマーケティング 2014年4月号
34	東急ハンズ	店舗型小売業		日経デジタルマーケティング 2014年4月号
35	アーバンリサーチ	店舗型小売業	専務取締役	日経デジタルマーケティング 2014年2月号
36	クロスカンパニー	製造業	社長	日経デジタルマーケティング 2013年12月号

出典：筆者作成

が13社，インターネット通販・カタログ通販5社，製造業が2社，卸売業が1社であった。

　すべての記事36件のうち，発言者や被インタビュー者が特定できる記事が25件あった。内訳として，社長に代表される管掌範囲の明示されていない経

表 5-2　内容分析

企業名	顧客データ統合	在庫データ統合	情報チャネル連携	物流チャネル連携	マーケティングサービス	物流サービス	組織・評価	従業員満足
1　アディダスジャパン		○		○	○	○	○	○
2　丸井グループ	○	○	○		○			
3　メガネスーパー	○				○		○	○
4　米アマゾン・ドット・コム				○	○	○		
5　米ウォルマート			○			○		
6　コナカ	○		○		○			
7　オーマイグラス					○			
8　ストライプインターナショナル	○	○	○		○			
9　セブン＆アイ・ホールディングス	○			○	○	○		
10　良品計画	○							
11　オットージャパン	○				○			
12　キタムラ	○	○	○	○	○		○	
13　ファーストリテイリング		○				○		
14　英ファーフェッチ				○	○	○		
15　東急ハンズ	○	○	○		○			
16　エービーシー・マート	○		○		○		○	○
17　ヨドバシカメラ	○	○	○	○	○			
18　マツモトキヨシ	○	○	○		○			
19　ルクサ				○	○			
20　J.フロント リテイリング		○			○		○	
21　アーバンリサーチ	○	○	○		○			

出典：筆者作成

営者層の対象者が9件，事業の責任者と推察される対象者が7件，CIOに類する対象者が3件あった。

　以上の記述統計から，消費者に対するサービス向上を意図する小売業者の取

り組みがわかる。また，マルチチャネルでは意図されなかった情報チャネル連携，それを可能にする顧客や在庫のデータ統合が実施されていると言える。一方で，ロジスティクスの重要性が先行研究で指摘されているものの，ロジスティクスでサービス向上を図る事例は，マーケティング視点よりも相対的に少ない件数であった。

　以上の分析から，小売業者ごとの取り組みには差異があり，異なるパターンが存在する可能性が示唆された。よって，これらを分類するために多変量解析を行った。具体的には，目的変数がない多変量解析で，カテゴリーデータを分類可能なコレスポンデンス分析および階層クラスター分析を用いた。

第2節　コレスポンデンス分析

　コレスポンデンス分析は，「クロス集計表を構成する2つの項目のカテゴリーを数量化する解析手法」（菅 2017 p.142）であり，1-0二値データを分析する数量化Ⅲ類を含んだ，より一般的な分析手法である（朝野 2018 p.49）。本節では，前節で実施した内容分析の結果に対して，コレスポンデンス分析を行った。分析にはSPSSバージョン25を用いた。

　二値データの場合，クロス集計表と比較して寄与率の値は大きくならないのが一般的とされる（内田 2006 p.102）が，分析の結果，2軸までの累積寄与率が0.558と，元データの半分以上を示したため，本研究では2軸で分析を行った。その結果を示したのが表5-3と表5-4および図5-1と図5-2である。

　図5-2を見ると，右方に情報チャネル連携や顧客データ統合，マーケティングによる消費者サービスが配置されているのに対して，左方に物流・ロジスティクス関連のカテゴリーが配置されている。また上方には従業員満足や組織・評価といった企業内部に関するカテゴリーが配置される結果となった。

表5-3　企業別コレスポンデンス分析の得点

	企業名	第一軸	第二軸
1	アディダスジャパン	−0.868	0.808
2	丸井グループ	0.772	−0.356
3	メガネスーパー	0.308	1.407
4	米アマゾン・ドット・コム	−1.352	−0.731
5	米ウォルマート	−1.073	−1.660
6	コナカ	1.048	−0.654
7	オーマイグラス	0.476	−0.408
8	ストライプインターナショナル	0.564	0.185
9	セブン＆アイ・ホールディングス	−0.278	−0.749
10	良品計画	1.849	−0.468
11	オットージャパン	1.163	−0.438
12	キタムラ	0.208	0.229
13	ファーストリテイリング	−1.509	−0.849
14	英ファーフェッチ	−1.352	−0.731
15	東急ハンズ	0.208	0.229
16	エービーシー・マート	−0.238	1.000
17	ヨドバシカメラ	−0.245	−0.123
18	マツモトキヨシ	0.772	−0.356
19	ルクサ	0.647	−0.746
20	J.フロント リテイリング	−0.631	1.112
21	アーバンリサーチ	0.772	−0.356

出典：筆者作成

図5-1　企業別コレスポンデンス分析の結果

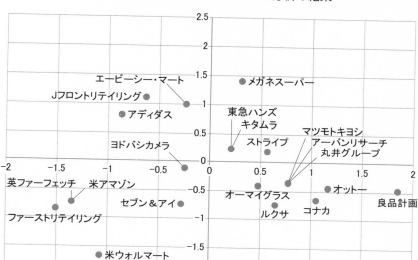

出典：筆者作成

表5-4　特徴別コレスポンデンス分析の得点

	特徴名	第一軸	第二軸
1	顧客データ統合	1.049	−0.238
2	在庫データ統合	−0.031	0.273
3	情報チャネル連携	0.464	−0.551
4	物流チャネル連携	−0.891	0.228
5	マーケティングサービス	0.270	−0.207
6	物流サービス	−1.681	−1.135
7	組織・評価	−0.153	1.193
8	従業員満足	−0.469	2.110

出典：筆者作成

図5-2　特徴別コレスポンデンス分析の結果

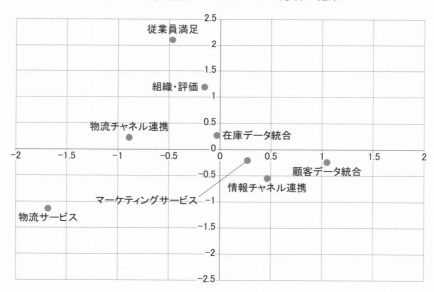

出典：筆者作成

第3節　階層クラスター分析

　次に，21社を特徴の類似した集団に分類するために，クラスター分析を行った。Ward法，距離はユークリッド平方距離を用いた[18]。分析にはSPSSバージョン25を使用した。結果をデンドログラムで表したのが図5-3である。

図5-3　階層クラスター分析

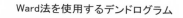

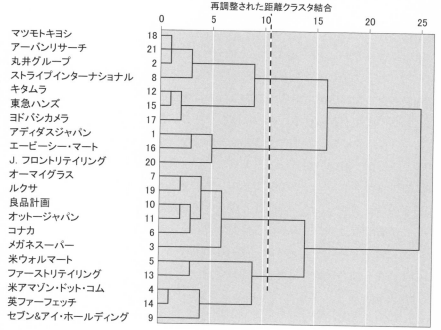

出典：筆者作成

（18）二値データのクラスター分析では，距離の測定は単純見合い係数等が一般的であるが，Ward法・ユークリッド平方距離の結果を用いた分析と群平均法・単純見合い係数の分析結果では1社を除いて同じクラスターに収束したために解釈可能性から前者を採用した。

クラスター数の設定で最もよく用いられる方法は，「結合距離が極端に変化する段階をクラスタリングとして採用する」（齋藤・宿久 2006 pp.151-152）方法である。本研究では理論的な解釈可能性から，4つのクラスターに分類した。

　上から順に，第一クラスターは，顧客や在庫のデータ統合を中心に，幅広い施策を行っている，①マツモトキヨシ，②アーバンリサーチ，③丸井グループ（ラクチンきれいシューズ），④ストライプインターナショナル（クロスカンパニーより社名変更），⑤キタムラ，⑥東急ハンズ，および⑦ヨドバシカメラの7社である。1社あたりの平均特徴数は5.1で，他のクラスターと比較して最も多かった。したがって，この集団を「包括型」と呼称する。

　第二クラスターに属する3社，①アディダスジャパン，②エービーシー・マート，および③J.フロントリテイリングはいずれも，オムニチャネルに取り組むにあたって，店舗で勤務する従業員の負荷が大きくならないようにといった社員への配慮がみられる。この集団を「社員重視型」と呼称する。

　第三クラスターは，①オーマイグラス，②ルクサ，③良品計画（無印良品），④オットージャパン（現ノース・モール），⑤コナカ（オーダーメイドスーツ），および⑥メガネスーパーの6社である。主に情報チャネル連携を中心として，消費者の購買過程で，オンラインと店舗の購買経験を分断せずに購入できるといった消費者接点をシームレスに展開する点を重視している。一方で，物流は基本的にはチャネルを超えずに，それぞれのチャネルで完結した動きとなる。この集団を「顧客経験重視型」と呼称する。

　最後の第四クラスターは，①米ウォルマート，②ファーストリテイリング（ユニクロ），③米アマゾン・ドット・コム，④英ファーフェッチ，および⑤セブン＆アイ・ホールディングスの5社である。異なるチャネル間での物流連携を意図しており，ロジスティクスで消費者に対するサービスを図ろうとする小売業者が多く含まれる。この集団を「ロジスティクス重視型」と呼称する。

第4節　個々の分析結果の統合

　内容分析の結果から，ほとんどのオムニチャネル小売業者が，消費者に対するサービスを充実しようとしている結果が明らかになった。そのために，マルチチャネルでは意図されなかった情報チャネル連携が重要であり，顧客や在庫のデータ統合といった投資を必要とする施策も実施されている。先行研究で必要とされた施策が行われていると言える。

　また，オムニチャネル戦略の特性上，企業の経営層や事業の責任者が被インタビュー者等になっていた。オムニチャネル戦略を計画策定し，実行するにあたっては，ボトムアップよりもトップダウンとしての特色が示されている。

　さらなる知見を得るために，コレスポンデンス分析の布置図に階層別クラスター分析の結果を反映させた。階層別クラスター分析で導出された4つのクラスターをコレスポンデンス分析にプロットしたのが図5-4である。

　第一クラスターから順に，●・×・■・▲で表記した。

　第三クラスター「顧客経験重視型」は，相対的に横軸の右方に固まっている。個別に事例を見ていくと，丸井グループは，PBである靴を対象に，その履き心地を店舗で試すことができる体験型の店舗を展開している[19]。メガネのインターネット通販を行っているオーマイグラスは，従来はインターネット通販のみの事業展開で，購入前にメガネを試着できるサービスを展開してきた。しかしながら，現在は実店舗も出店して，来店した消費者がメガネを実際に手に取る機会を提供している[20]。紳士服販売のコナカのディファレンス事業では，消費者はオーダーメイドスーツを作る際に，まずネットで来店予約を行い，店舗で採寸を行い，スーツの生地サンプルを選んでスーツを購入する。2度目の購入からは，ネット上で好みの生地だけ選べば，自分の採寸データに基づいたオーダーメイドスーツが届く仕組みとなっている[21]。いずれの事例も，

---

(19)　日経ビジネス2016年11月28日号，pp.32-33より引用
(20)　日経デジタルマーケティング2017年3月号，p.6より引用
(21)　日経デジタルマーケティング2017年3月号，pp.5-6より引用

図5-4　クラスター分析の結果を布置したコレスポンデンス分析

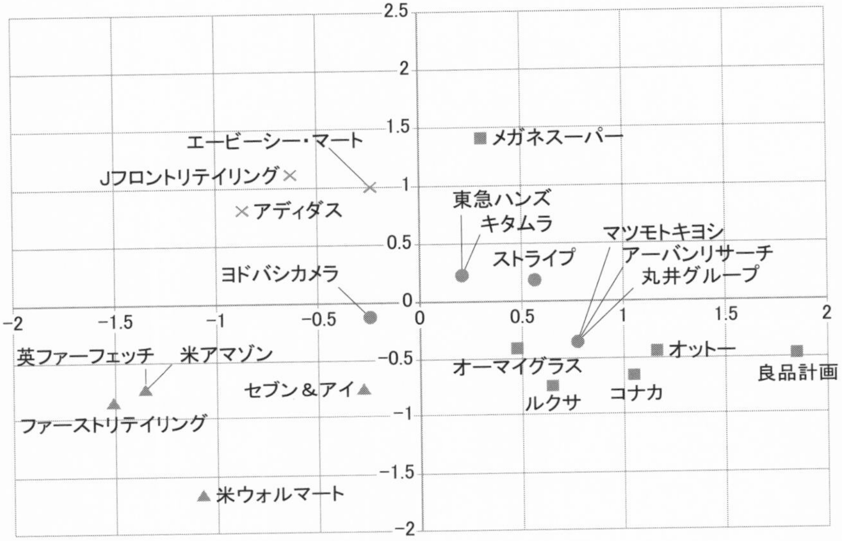

出典：筆者作成

オンラインだけの顧客接点では知覚リスクの解消が難しい商品という特徴を有する。その他の小売業も，アパレルやメガネといった消費者が知覚するリスクの高い商品を扱っている集団と言える。

　反対に，第四クラスター「ロジスティクス重視型」は左下の象限に固まっている。アメリカのウォルマートではC&C利用によって商品の販売価格をディスカウントするサービスを行っている(22)。ユニクロを展開するファーストリテイリングは，数百億円を投じて，店舗とインターネット通販の在庫を共通管理できる巨大物流センターを建設した(23)。セブン＆アイ・ホールディングスのような大規模小売企業グループは，グループのコンビニエンスストアや他の店舗

(22)　日経デジタルマーケティング2017年7月号，pp.36-37より引用
(23)　日経ビジネス2016年11月28日号，pp.42-43より引用

からなる巨大な店舗ネットワークを分散型流通センターとして機能できる点がメリットになる（近藤2018）。

　各社の事例を見ると，オンラインで注文した商品を店舗で受け取るC&Cや，宅配リードタイムの短縮が強調されている。また，アメリカで展開されているアマゾン・ドット・コムとウォルマートのロジスティクス面の激しい競争も反映しているかもしれない。第三クラスターと対照的に，取り扱っている商品の仕様が明確な，相対的に知覚リスクの低い商品を取り扱っている特徴がある。

　以上より横軸である第一軸は，取扱商品の知覚リスクの高低を示す軸と解釈できる。

　次に第二クラスター「社員重視型」は左上の象限に固まった。アディダスジャパンは，インターネット通販と店舗を別の組織にせず，クロスファンクショナルチームとして，C&Cによって増えるスタッフの負荷を軽減する取り組みを行い，スムーズなサービス提供を実現している[24]。エービーシー・マートでは，店舗の従業員が在庫切れ等により，消費者をインターネット通販に誘導した場合，売上が各店舗に立つ仕組みにして，従業員のモチベーションを上げている[25]。オムニチャネルに取り組むにあたり，社員への視点は先行研究ではあまり言及されていない。オムニチャネルを実践して効果を発揮するためには，店舗で勤務する従業員のモチベーションや環境も重要になるという示唆と捉えられる。

　第一クラスター「包括型」は，その取り組みが広範囲にわたっている特性上，全体の中心部分に位置する結果となった。7社中4社が複数回記事に取り上げられている。最初の記事掲載年度を調べると，2013年にストライプインターナショナル1社，2014年にアーバンリサーチ，東急ハンズ，キタムラの3社，2015年にルクサとマツモトキヨシの2社となっている。比較的早い時期からオムニチャネル戦略に着手して，取り組みの幅も広がっている小売業者と

（24）日経デジタルマーケティング2018年1月号，p.11より引用
（25）日経情報ストラテジー2016年1月号，pp.18-21から引用

図5-5　知覚リスクによるオムニチャネル小売業の分類

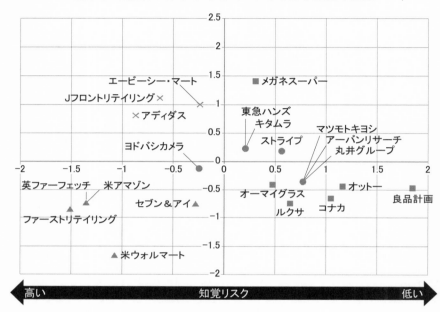

出典：筆者作成

言えるだろう。

　縦軸である第二軸については，第二クラスター「社員重視型」が上方に位置している関係性から，内部志向か外部志向かという評価軸として捉えられる部分もある。しかしながら，縦軸の下方に位置する企業が少ない点から，その解釈には慎重を期す必要があると考える。

第5節　オムニチャネルの拡張フレームワークとの整合

　前章でBell et al. (2014) のフレームワーク拡張を試みた。オンライン＋ショールームとされた購買行動は，ロジスティクス統合を必ずしも必要としない。前項で「顧客経験重視型」とされた企業群は，知覚リスクの高い商品の販

売において，店舗を活用した知覚リスク低減を目指した。その意味では，商品特性の課題を克服するための施策と言えるだろう。

　一方でC&Cは，ロジスティクス統合を必須とする。「ロジスティクス重視型」を取るオムニチャネル小売業者は，商品を入手するための利便性を意識していると推察される。

　これらの議論は，「チャネルを超えた購買行動」を取る消費者の中にも，異なるニーズが存在する点を示唆している。そのために，オムニチャネル小売業者の戦略も，いくつかの類型に分かれるのである。

　したがって，ロジスティクスが重要となるのは，知覚リスクの低い商品を扱い，C&C等のサービスによる消費者の利便性向上を図るオムニチャネル小売業者となる。

　C&Cが消費者の利便性向上を目的とすると，消費者が選択できる商品受け取り拠点の数が重要となる。オムニチャネル小売業者がC&Cを展開しているといっても，消費者の選択できる拠点が少なければ，利便性は高まらない。また，ピックアップ可能な時間帯の制約も，消費者の利便性に影響を与える。

　したがって，オムニチャネル小売業者は，C&Cに対応したピックアップ拠点の増加や，受け取り可能時間の拡大の必要があるが，それはロジスティクスの複雑性を増加させる。

　また，受け取りまでのリードタイムも判断要素である。消費者が希望するピックアップ拠点に対して，より短いリードタイムで納品できる拠点から商品を出荷する柔軟性が活きる。店舗間の商品移動をする場合は，定常的な物流ルートが設定されていない。対応スピードを速めるチャネルを超えた商品の水平移動は，図5-6の破線部分にあたり，既存にない物流ネットワークを必要とする。

　また，消費者の都合で，流通プロセス途上で，受け取り方法の変更依頼が入る可能性もある。宅配で受け取るつもりだったが，外出の予定が入り，目的地最寄りの店舗受け取りに変更したいといった具合である。

　これらの消費者行動に対応するために，水平的な物流ネットワークの統合を

図5-6　オムニチャネル小売業のロジスティクスネットワーク構造

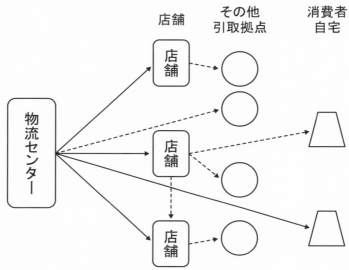

出典：筆者作成

図れば，消費者の利便性が高まり，オムニチャネル小売業者の競争力が高まる。

　しかしながら，ロジスティクスの水平統合には，費用の増加やオペレーションの難易度が高まる負の側面も存在する。

第6節　小括

　先行研究ではオムニチャネル小売業者にとって，「統合」が重要なキーワードであり，マルチチャネルでは各チャネルで別個に管理された多くの要素が統合対象とされた。しかしながら，オムニチャネルを一様に論じる点に対する批判もあり，本研究ではオムニチャネル小売業の形態を分ける要素として何が考えられるかを実証的に検証した。

　その結果，オムニチャネル小売業の取り組みは，先行研究で指摘された通

り，様々な要素の統合を目指している点が明らかになった。しかしながら，あらゆる要素の統合を志向するだけでなく，部分的な統合となる事例も見られた。その違いが生じる要因の一つとして，消費者が商品に対して感じる知覚リスクの重要性が指摘された。Wollenburg et al. (2018) の研究では，小売業の取り扱い商品が食品か非食品かという分類で，オムニチャネル戦略の違いが示唆されていたが，知覚リスクが重要な要素である可能性が示されたのは大きな知見である。

　また，小嵜（2018）では，小売業の業種によってオムニチャネルの程度に差がある研究結果が示されているが，今回のグループ分類では業種による明確な違いは明らかにならなかった。現在の日本における小売業は，ラインロビングやスクランブルド・マーチャンダイジング技法を採用して，取り扱う商品群が業種を超えて拡大する傾向がある。そのために，業種の違いだけでは，オムニチャネル小売業の類型化が困難と考えられる。オムニチャネル戦略は個々の小売業者の戦略によって影響を受けるため，さらなる研究が必要と考えられる。

　さらに，先行研究では議論されていなかったオムニチャネル小売業の店舗で働く従業員に対する取り組みが明らかになった。記事中の被インタビュー者は，そのほとんどが経営層であったが，これはオムニチャネル戦略がトップダウンの施策である点を示している。しかしながら，その実践においては，店舗で働く従業員の役割が大きい。高嶋・金（2018）は，チェーン展開する小売企業の組織能力として「本部から離れた各店舗において，販売員が柔軟性や即応性の高い，顧客との関係性あるサービスをつねに提供できるようにするために，教育や管理・動機付けの制度を構築し，それを洗練化」（高嶋・金 2018 p.4）する点をあげている。社員への配慮なくオムニチャネルをトップダウンで遂行すれば，店舗型小売業の組織能力を弱体化させる恐れがある。オムニチャネル化する際の社員への配慮という新たな組織課題の視点が得られたと言える。

　最後に，前章の議論を踏まえて，消費者の利便性を高めるために，ロジス

ティクスの水平統合の必要性について議論した。ロジスティクスの水平統合が，他の小売業者との競争において重要になると同時に，費用の増加やオペレーションの難易度が高まる課題の存在を指摘した。

第6章
ロジスティクス研究における「アベイラビリティ」から見たオムニチャネル

本章以降では，オムニチャネル小売業に対して，理論的な分析を試みる。まず，ロジスティクス研究において重要視される「アベイラビリティ」概念を議論の基礎とする。第1節で，ロジスティクス研究の変遷，ロジスティクスの定義と目的を，先行研究に依拠しながら振り返る。第2節で，ロジスティクス研究におけるアベイラビリティ概念を説明する。第3節で，小売業におけるアベイラビリティを議論しながら，オムニチャネルにおけるアベイラビリティの異質性を明らかにする。第4節で，考察を行う。

第1節　ロジスティクス研究の変遷

1.物流からロジスティクスに変化する背景と発展過程

　20世紀初頭に流通研究の必要性を論じたのがA. W. Shawであった。Shaw (1915) は，生産に対するのと同様に，流通を体系的に研究する必要性を主張した（Shaw 1915 訳書p.40）。そのうえで，流通を考察するに際して，需要創造活動と物的供給活動に分類した（Shaw 1915 訳書p.9）。

　その後，Clark (1922) は，マーケティングを機能的アプローチの立場から，①交換機能，②物的供給機能，および③補助または促進機能に分類した。そこでは，物的供給機能は輸送と保管から構成された（Clark 1922 p.11）。

　これらの研究潮流の登場には，科学の進化によって，生産量の増大と生産費用の低減がもたらされ，消費者が購買できる以上の生産が可能になった背景がある。その結果，流通への関心が非常に高まったのである（Converse 1936 p.1）。生産の大規模化に対応して，大量生産した商品を拡大する市場に流通させる必要性の高まりが，流通および物流への視点を生んだと言えよう。

　その後，物流研究は停滞していたが，1960年代に入ると，世界的に物流費用の高さが認識されるようになった（Ballou 2007）。Drucker (1962) は，生産費用に関しては経営者の関心が高いのに，流通に対する関心が低い点を指摘して，アメリカ企業が海外との競争に直面する中で，流通システムの効率化，費用の抑制がより重要で緊急な課題になると結論付けた。

　さらに，1960年代前後のアメリカでは，経営において戦略が重視されるようになっていた。その結果，物流機能の管理に対して，ロジスティクス・マネジメントの考えが導入されるようになったのである（中田 2003 pp.103-106）。

　1980年代に入ると，SCM概念が生まれロジスティクスはその一部と位置付けられた（Lambert and Cooper 2000）。情報技術の進化によって，企業間の連携が，より迅速に，より低コストで実現できるようになったのである（Ballou 2007）。その結果，消費者需要の多様性や変動の激しさに対応するために，延期（Alderson 1957）や投機（Bucklin 1965）概念の実践，タイムベースの「応答性（responsiveness)[26]」ビジネスモデル（Bowersox et al. 2002 訳書pp.11-13）や，俊敏（agile)[27]なサプライチェーン（Harrison and Hoek 2005 訳書pp.241-278）といった概念が登場したのである。

　以上の変遷を見ていくと，初期の研究においては，製造業者が作った製品を，いかに社会全体に効率的に流通させるかという社会経済的な視点が中心であった。その後，生産力の高まりを受けて，市場の変化に対応した生産・流通といった製造業者の経営戦略視点のロジスティクス研究に焦点が移った。さらに，消費者需要の多様化や変化の激しさが増すにつれて，消費者に対する販売情報を持つ小売業者に勢力が移った。その結果，小売業者の経営戦略の視点に立ったロジスティクス研究が登場してきたと言える。

2.ロジスティクスの定義

　代表的なロジスティクスの定義としては，全米サプライチェーン・マネジメント専門家協議会（Council of Supply Chain Management Professionals:

---

(26) Bowersox et al. (2002) は，需要予測から出発する「予測ベースのビジネスモデル」と対比して，予測ではなく顧客注文を起点として短い時間で対応するマスカスタマイゼーションを「レスポンス（応答性）ベースのビジネスモデル」と呼んだ（Bowersox et al. 2002 訳書pp.11-13）。
(27) Harrison and Hoek (2005) は，無駄のない「リーン」サプライチェーンと対比して，俊敏性の考え方を「供給の能力を最終顧客の需要に連携させることを目的としている（Harrison and Hoek 2005 訳書p.248）」と論じた。

CSCMP）の定義があげられる。ロジスティクス管理を「顧客の要求を満たすために，原産地から消費地の間の財・サービス・関連情報に対して，効率的かつ効果的な動脈および静脈のフローとストックを計画，実行，管理するサプライチェーン・マネジメントの一部である[28]」と定義している。

　また，ロジスティクスおよびSCM研究は，アメリカにおいて，Lambertを中心とするオハイオ州立大学の研究グループと，Bowersoxを中心とするミシガン州立大学を中心とする研究グループが，また欧州ではChristopherを中心とするクランフィールド大学の研究グループが盛んであるとされる（美藤2010）。

　Lambert et al. (1998) は，全米サプライチェーン・マネジメント専門家協議会（CSCMP）の前身組織であるCLM[29]の定義を踏襲しながら，製造業とサービス部門の間の原材料とサービスのフローを含むとした。サービス部門の中には，政府・病院・銀行・小売・卸売が含まれた（Lambert et al. 1998 p.3）。

　Bowersox et al. (2002) は，ロジスティクスを「サプライチェーン全体にわたって在庫を移動させたり在庫位置を決めたりするのに必要な仕事」と定義して，「サプライチェーンという，より広い枠組みの部分集合」として捉えた（Bowersox et al. 2002 訳書p.3）。

　Christopher (1998) は，「ロジスティクスとは，効果的なオーダー管理によって，現在および将来の収益性を極大化させ，経営組織とマーケティング・チャネルを通して原材料や部品，製品（および関連情報フロー）の調達，輸送，保管業務を戦略的にマネジメントするプロセスである」と定義した（Christopher 1998 訳書p.2）。

　同じく，クランフィールド大学の研究者であったHarrison and Hoek (2005)

---

(28) CSCMP2013：原文Logistics management is that part of supply chain management that plans, implements, and controls the efficient, effective forward and reverses flow and storage of goods, services and related information between the point of origin and the point of consumption in order to meet customers' requirements.
(29) 当時の組織名はCLM（Council of Logistics Management）であった。

は，サプライチェーン・マネジメントを「最終顧客の要求へのサービスを目的に，サプライチェーンの中にいるパートナーを繋ぎ合わせる全てのプロセスを計画し，管理すること」と定義した。そのうえで，ロジスティクスを「サプライチェーン全体のモノと情報の流れの整合を図る業務」と定義した（Harrison and Hoek 2005 訳書pp.8-11）。

　また，日本の研究者によるロジスティクスの概念的な規定は以下の通りである。

　阿保（1994）は，物流の懸隔理論（gap theory）と比較して，ロジスティクスの機能を「顧客の手許に商品・サービスを到達せしめて，アベイラブル[30]な状態にして差し上げること」として到達理論（arrival theory）を提唱した（阿保 1994 pp.6-8）。

　中田（2003）は，ロジスティクス以前の物流管理とロジスティクス・マネジメントを目標，対象と領域，内容の3つの側面で比較した（中田 2003 pp.114-115）。

表6-1　ロジスティクス・マネジメントと物流管理の違い

	（ロジスティクス以前の）物流管理	ロジスティクス・マネジメント
目標	物流の効率化（コスト削減）	市場適合（戦略に基づく効率・効果のバランス）
対象と領域	物流活動 生産（仕入れ）から顧客まで	物流体系 調達から販売物流および最終顧客まで
内容	○プロダクト・アウト ○熟練的・経験的管理 ○輸送および拠点中心 ○コスト・コントロール ○戦術重視	○マーケット・イン ○科学的管理 ○情報中心 ○インベントリー・コントロール ○戦略重視

出典：中田（2003）p.114から引用

（30）利用・消費可能な状態を指す。

ロジスティクスの定義についての合意はまだ存在しないという見解もあるが，CSCMPの定義が広く受け入れられている（Cahill 2007 p.19）。その他の定義も鑑みれば，効率だけでなく市場に適合する点も考慮に入れて，顧客の需要に対応するサプライチェーンの中で，モノと情報のフローに対する効率的かつ効果的な管理が中心となると捉えられる。

3.ロジスティクスの目的

　定義にも関連するが，ロジスティクスの目的，その必要性は以下に論じられている。

　Lambert et al. (1998) は，ロジスティクスを企業におけるマーケティングミックスにおけるPlaceと直接関係する活動と捉えて，顧客サービスがロジスティクスシステムのアウトプットと捉えた（Lambert et al. 1998 pp.12-15）。

　Bowersox et al. (2002) では，「ロジスティクスとは，最小のトータルコストで顧客満足を達成するための，統合化された取組みとして管理するべき」と結論された（Bowersox et al. 2002 訳書p.30）。

　Christopher (1998) は，ロジスティクス・マネジメントの使命を「最低限のコストで目標とするサービスおよび品質レベルを達成するために，必要な作業を計画し，実施すること」と定義して，ロジスティクスを「マーケットと営業活動とを結び付けるものとしてとらえなければならない」と主張した（Christopher 1998 訳書p.11）。

　ロジスティクスの競争優位に寄与する点として，①品質，②時間，③コスト，および④信憑性があげられた。②時間は，リードタイムの短さを起点としているのに対して，④信憑性はあらかじめ設定された時間がどれだけ正確に守られるかを示す概念とされた（Harrison and Hoek 2005 訳書pp.22-26）。

　阿保（1994）は，ロジスティクスをシステム過程として捉え，そのアウトプットを「顧客サービス」と呼んだ。そして，「顧客が必要としている顧客サービスを充足することにより，顧客満足を高め，最終的には消費者の経済的福祉を増進することが目標」とされた（阿保 1994 p.10）。そのうえで，ロジ

108

スティクス管理の要点として，①最も顧客を満足せしめる顧客サービスを最も経済的に算出するように管理すること，②変換過程の速度をスピードアップして，経営速度の上昇に貢献することの2点をあげた（阿保 1994 p.12）。

橋本（2006）は，ロジスティクス・マネジメントを，①顧客サービス，②ロジスティクスネットワーク，③在庫管理，および④ビジネスプロセスから成り立つと捉えた（橋本 2006 pp.208-212）。

顧客サービスの中で，最も重要と主張されたのは，アベイラビリティであった。橋本（2006）は「アベイラビリティとは「入手可能性」のことで，受注したときに許容納入リードタイム内に届けられる確率をいう」ため「アベイラビリティはリードタイムとセットで用いられなければ意味がない」と指摘した（橋本 2006 pp.208-209）。

苦瀬（2014）はロジスティクスの目標を「必要な商品や物資を，適切な時間・場所・価格（費用）のもとで，要求された数量と品質（5R: Right Time, Place, Price, Quantity, and Quality）で供給すること」と捉えた（苦瀬 2014 p.22）。

以上の議論をまとめると，生産に付随する物流としての効率化だけでなく，市場の変化に対応する顧客サービスとその費用を最適化する概念として「ロジスティクス」が発展してきた。売り手側の効率性だけでなく，5Rに示されているように顧客の視点が入ってきた。そのために，商品を購入する顧客の視点に立った「アベイラビリティ」概念が必要になる。研究グループによって顧客サービスの捉え方は様々であるが，「顧客サービスの中でもアベイラビリティは，ロジスティクス及びSC[31]の成果に大きな影響力を持つとともに顧客満足につながり，差別化戦略になりえよう」（美藤 2009 p.132）とされるのである。

(31) サプライチェーンの略称として用いられている。

109

第2節　ロジスティクス研究におけるアベイラビリティ

　ロジスティクスの本質を「アベイラビリティを循環させる機構」とする見解もある（阿保 1994 p.31）。以下では，アベイラビリティがロジスティクス研究において，どのように発展してきたかを見ていく。

　具体的には，アベイラビリティは「物流サービス（PDSQ）」研究の中で概念化されてきた。Mentzer et al. (1989) は，「物流サービス」を顧客サービスの部分と考え，①アベイラビリティ，②適時性，および③品質の3次元で捉えた。アベイラビリティは，注文の数量・種類もしくは注文が完全に履行される比率と定義された。小売業の視点から見れば，消費者の来店時に店舗の棚に商品があるか否かで判断された（Mentzer et al. 1989 pp.56-57）。

　Emerson and Grimm (1996) は，Mentzer et al. (1989) のモデルを一部修正して実証研究を行った。因子分析の結果，アベイラビリティは，①注文完全履行率，②取り寄せ注文の少なさ，および③注文処理の正確性からなる潜在変数とされた。

　Rabinovich and Bailey (2004) は，Mentzer et al. (1989) の研究をインターネット通販の物流サービス品質に適用した。その際，「アベイラビリティ」は注文から出荷まで，「適時性」は出荷から配達まで，「信頼性」をその両方を含む概念と定義して，それぞれに要する時間で測定した。

　Xing et al. (2010) は，Rabinovich and Bailey (2004) のモデルに「返品」を加えたインターネット通販の物流サービス品質としてePDSQを構築して実証研究を行った。アベイラビリティでは，注文前に確認する商品在庫の有無が，消費者に重視される研究結果を示した。

　Bowersox et al. (2002) は，アベイラビリティを「顧客に望まれたときに在庫を有している能力」と定義した（Bowersox et al. 2002 訳書p.70）。Alderson (1957) は，取引を完全交渉型取引（fully negotiated transaction）と常規型取引（routine transaction）に分類したが（Alderson 1957 訳書p.329），サプライチェーン内での発注・納品といった取引は，事前に取引の諸条件を設定

した常規型取引となる場合が多い。そのため，商品の納品リードタイムは事前
に設定される。在庫の有無でアベイラビリティを捉えるとき，事前に決められ
たリードタイムの一定性が暗黙裡に前提とされていると言えよう。

　以上の分析から明らかなように，いずれのアベイラビリティも受注から商品
を納品するまでのリードタイム概念が含まれているものの，事実上，注文時に
当該商品の在庫があるか否かが決定的な要因として捉えられているのがわか
る。

第3節　小売業におけるアベイラビリティ

1.店舗型小売業

　橋本（2006）の指摘にある通り，アベイラビリティは本来リードタイムと
の関係性の中で議論されるべきものである。しかしながら，店舗型小売業の視
点に立った議論では，店舗において消費者が来店した際に，店頭で商品を入手
できる状態にあるかを示す概念として用いられている（Mentzer et al. 1989;
Ehrenthal and Stölzle 2013）。チェーンストア小売業を例に，関係性を示した
のが図6-1である。

　製造業者や卸売業者は，小売業者の発注に対して，要求されるリードタイム
で小売業者に納品する必要がある。この実現率が製造業者や卸売業者視点のア
ベイラビリティになる。

　一方で，小売業者のアベイラビリティは「ある特定のSKU[32]の需要が満た
された比率」と定義され，サポートレベルもしくはサービスレベルと呼ばれる
（Levy et al. 2014 p.335）。すなわち，消費者が来店した際に，商品が棚に在庫
されているか否かがアベイラビリティ（on-shelf availability）の決定要因であ
り，顧客サービスの構成要素となる（Trautrims et al. 2009）。ここには，製造
業者や卸売業者と小売業者との間で想定されたリードタイムの概念は含まれて

---

(32) Stock Keeping Unitの略で，在庫管理の最小単位を指す（青木 2012 p.118）。

図6-1 店舗型小売業のアベイラビリティ

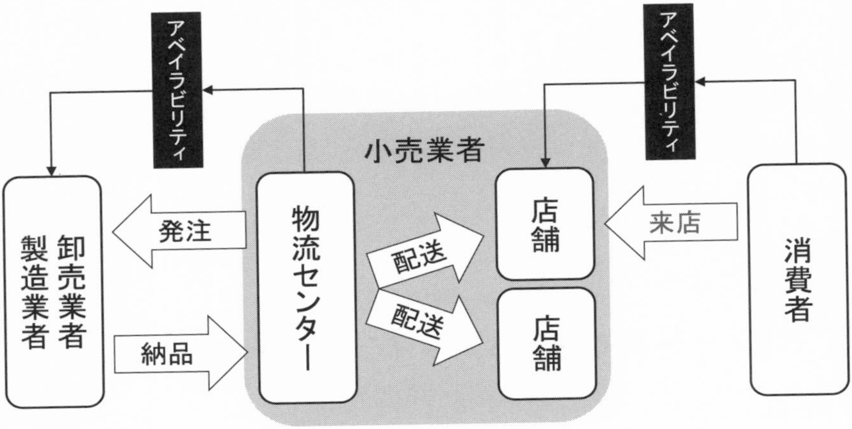

出典：筆者作成

　いない。厳密に言えば，リードタイムがゼロの状態で，消費者が来店時に，その場で即座に商品を入手できるかを指す概念である。

　そして，この2つのアベイラビリティは断絶している。製造業者や卸売業者は小売業者との関係性の中でアベイラビリティを確保すべく考え，小売業者は店舗で欠品を生じさせない視点でアベイラビリティを捉えている。それぞれの段階は直接的に関連していない。

2.インターネット通販

　同じフレームワークで，インターネット通販を分析したのが図6-2である。

　インターネット通販では，仮想店舗に品揃え物が情報として示されている。多くの場合，商品ごとの在庫情報が提示され，在庫がなければ欠品として注文ができない。商品を取り寄せ可能な場合もあるが，調達リードタイムは不確定な場合が多く，消費者にとっては欠品とほぼ同義である。その意味で，店頭在庫の有無によって規定される店舗型小売業者のアベイラビリティと概念的には類似している。インターネット通販では，消費者が注文してから商品が宅配に

図6-2　インターネット通販のアベイラビリティ

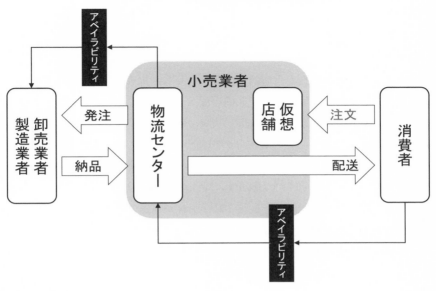

出典：筆者作成

よって消費者の手元に届くまでのリードタイムは，発送地点と受け取り地点の距離を基準として算出され，一定である。実際には，小売業者が受注してから商品を調達するドロップシッピングと呼ばれる手法もあるが，主流とは言えない。すなわち，インターネット通販においては，受注時の物流センターでの在庫の有無が，アベイラビリティを規定していると考えられる[33]。

　さらに言えば，マルチチャネル小売業でも構造は同じである。オフラインとオンラインのチャネルを併用しても，それらが独立であれば，小売業にとってのアベイラビリティ概念は各チャネルの在庫の有無に規定される。したがって，アベイラビリティ概念に変化は生じない。

---

(33)　近年，インターネット通販事業者においても，自宅以外での受取拠点への配送を展開する例が増えており，インターネット通販事業者からのオムニチャネル戦略と捉えられる。

3.オムニチャネル小売業

　しかしながら，オムニチャネル環境下では状況が異なる。消費者は，店舗を訪れ，商品の在庫がなければ，オンラインで商品を購入可能である。一方で，消費者はオンラインで探索，購買した商品を宅配で受け取れるのはもちろん，リードタイムを比較しながら店舗での受け取りも選択可能である。また，コンビニエンスストアや宅配ロッカー等の店舗以外の受け取り拠点を選択可能な場合もある。小売業者の視点で見れば，消費者が宅配を選択した場合，商品を物流センターから出荷するか，最寄りの店舗から出荷するかの選択を迫られる。これらの要因が絡み合い，ロジスティクスフローが極めて複雑になる。

　オムニチャネルにおいて，すべての受け取り拠点におけるリードタイムは，一律ではない。消費者視点で見れば，特定の商品を購入するにあたり，自分が受け取り可能な選択肢を探索して，最適な選択を行う。具体的な例で説明すれば，ある商品を購入した際に，①A店舗には在庫がある，②B店舗には在庫はないが3日後に納品予定，③最寄りのCコンビニエンスストアでは翌日17時以降の引き取り可能，④宅配では翌日午前中から配達可能といった選択肢の中から，消費者は意思決定が可能である。

　オンラインおよびオフラインの在庫情報の可視化が店舗での売上増とインターネット通販の売上減に影響を与えたとの研究結果（Gallino and Moreno 2014）もある通り，オムニチャネル環境での消費者行動は多様化する。特定のチャネルであらかじめ設定されたリードタイムに基づくというよりは，各店舗における在庫の有無や受け取り拠点の立地で変化するリードタイムの中から，消費者自身が希望する選択を行っていると言えるだろう。したがって，オムニチャネルにおけるアベイラビリティは，注文時のチャネルごとの在庫の有無では決まらない。注文した商品を消費者が想起する受け取り拠点で，いつ入手可能かを示す概念に拡張すべきである。C&Cはアベイラビリティを高める（Hübner et al. 2016b p.574）とされるが，そのためには，商品を単に店舗で受け取れるだけでなく，リードタイムという「時間」概念が必要となる。

　そして，その実現のために小売業者内の物流センターと店舗の連携や，小売

図6-3　オムニチャネル小売業のアベイラビリティ

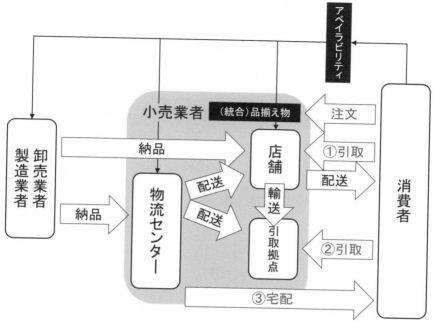

出典：筆者作成

業者と製造業者・卸売業者との連携が必要になるのである。

　以上の議論を整理したのが，表6-2である。

　製造業・卸売業・インターネット通販のアベイラビリティは，受注してから商品を納品するまでのプロセスをリードタイム内に行うという，比較的類似した概念であるのがわかる。店舗型小売業は，性質が異なるように見えるが，リードタイムがゼロと制約が厳しくなっているだけで，同質の概念である。

表6-2　業態ごとのアベイラビリティ概念

	アベイラビリティを実現できている状態	前提となるリードタイム	アベイラビリティ実現のカギ
製造業	リードタイム内の納品	受注から納品まで	製品在庫の有無
卸売業	リードタイム内の納品	受注から納品まで	調達済在庫の有無
店舗型小売業	店舗の棚在庫	ゼロ	店頭在庫の有無
インターネット通販	リードタイム内の納品	受注から納品まで	物流センター在庫の有無
オムニチャネル小売業	複数チャネルの利用可能性	チャネルごとに変動	チャネルごとのリードタイム情報の明示

出典：筆者作成

　しかしながら，オムニチャネル小売業におけるアベイラビリティは，リードタイムを所与と捉える「固定性」から「変動性」へと変化する。また，アベイラビリティの実現が「在庫」という商品現物の有無から，いつ商品を入手可能かという「情報」へ変化とする。したがって，従来の小売業で議論されてきたアベイラビリティとは，質的に異なる概念に変化しているのである。

第4節　考察

1.オムニチャネルにおける欠品概念の変容

　店舗型小売業研究におけるアベイラビリティは，店頭在庫を指しており，低いアベイラビリティと欠品は，同義に使用されてきた（Moussaoui et al. 2016）。しかしながら，オムニチャネル小売業においては，アベイラビリティ概念が変化する。小売業者が提供する各チャネルと入手可能となるリードタイム情報の組み合わせがアベイラビリティであるため，チャネルごとの在庫の有

無が欠品に直結しない。言い換えれば，消費者が選択可能なチャネルで，商品の受け取り可能なリードタイムがいずれも受容できない場合に，欠品と同じ状態が生じる。

　従来は，店頭で在庫切れが発生している状態が欠品であり，その判断は小売業者が行っていた。しかしながら，オムニチャネルでは，欠品の判断が消費者に移転する。したがって，欠品はある時点でのチャネルの商品在庫の有無という客観的・一義的に判断できる概念ではなくなる。同じ状態でも，ある消費者にとっては欠品であり，違う消費者にとっては欠品ではないという状況が考えられるのである。すなわち，オムニチャネル小売業における欠品は，個々の消費者によって異なる可変的な認識に基づき，その決定は消費者に委ねられる。したがって，オムニチャネルにおいては，従来の小売業研究と比較して，欠品概念が変容していると理解できる。

2. アベイラビリティ実現のための製造業者および卸売業者との連携

　従来，小売業者は顧客サービス水準を実現するために，店舗もしくはインターネット上の仮想店舗における品揃え形成や欠品率を，単独で決定していた。製造業者や卸売業者は，その実現のために，小売業者から要求されるリードタイムで商品を納品する関係にあった。第2章で見たように，店舗サービス水準を決定する小売ミックスが先に決定され，ロジスティクスは，そのために必要な物流条件の充足を求められたのである。

　ただし，大半の商品は，小売業者から発注を受けてからの商品製造・調達では，リードタイム内の納品を実現できない。そのため，受注時に欠品を発生させないように，製造業者・卸売業者は，在庫を保持する必要がある。常規型取引において，製造業者・卸売業者のアベイラビリティが低ければ，ペナルティが課せられたり，場合によっては取引自体の継続も危うくなる。そのため，製造業者・卸売業者は安全在庫の保持を志向して，必要以上に在庫水準が高くな

るブルウィップ効果[34] 発生のリスクが高まる。

　しかしながら，オムニチャネル小売業では，すべてのチャネルでの受け取りまでのリードタイムの可視化によってアベイラビリティが実効性を持つ。これを，小売業者単独で実行しようとすると，小売業者が在庫していない商品は，消費者にリードタイムを提示できず，アベイラビリティが低くなる。一方で，調達先である製造業者・卸売業者と連携して，商品在庫の有無やチャネルごとの商品受け取りまでのリードタイムといった物流情報を，より多くの商品で可視化できれば，アベイラビリティが高まる。すなわち，サプライチェーン内のメンバーとの情報共有や連携により，オムニチャネル小売業のアベイラビリティがより高まるのである。

第5節　小括

　本章では，顧客サービスとして捉えられるロジスティクスの中で，アベイラビリティが重要な概念とされる先行研究を示した。そのうえで，許容リードタイムとの関係でアベイラビリティを解釈すべきであるが，従来の議論ではリードタイムの固定性が暗黙裡に仮定されていた点が示された。小売業者のアベイラビリティは，店舗もしくはインターネット通販の仮想店舗に訪問した消費者が欲した商品を，即座に購買決定できるかを意味している。すなわち，購買意思決定時点における商品在庫の有無が，アベイラビリティを規定した。そのために，従来のロジスティクス研究におけるアベイラビリティは，受注時点での在庫の有無に着目していたのである。実務的な視点で言えば，小売業者では消費者の来店時に，製造業者や卸売業者では，顧客からの注文時に在庫切れを発生させない概念として捉えられた。

---

(34) ブルウィップ効果は，「サプライチェーンにおいて企業間で実需や在庫情報を共有できていない状況では，最終需要の小さな変動が川上に伝播するに従って大きく増幅する現象」（日本ロジスティクスシステム協会 2002 p.223）を指し，在庫過剰の原因とされる。

　しかしながら，オムニチャネル小売業におけるアベイラビリティ概念は異なる。自社の小売店舗・その他の受取拠点・宅配といった消費者が選択可能な方法で，当該商品を受け取り可能なそれぞれのリードタイム情報の提示が求められる。その結果，消費者は自分の選好するチャネル選択が可能になる。特定時点での商品在庫の有無ではなく，どのチャネルでいつ受け取り可能かというリードタイムの提示が，オムニチャネル小売業のアベイラビリティとなるのである。

第7章
「品揃え物および
品揃え形成」の理論から見た
オムニチャネル

第4章で議論した通り，オンラインとオフラインの統合が進むと，消費者にとって品揃え物が拡張する（Hübner et al. 2016b）。しかしながら，オムニチャネル小売業者の品揃え物の拡張が，消費者の品揃え形成に，いかなる便益をもたらすかは明らかでない。

　そこで，本章では，Aldersonの提唱した「品揃え物および品揃え形成」の理論を用いて，検討していく。その理由は，Aldersonが本概念の創始者であり，徹底した消費者視点に立脚した議論が，本章で行う考察に有用と考えるからである。「品揃え物および品揃え形成」の理論に基づけば，生産と消費は異なる経済原則に依拠しており，消費者は異質な需要を持つため，品揃え物による「斉合（matching）」が必要になる。また，市場の情報は不完全であり，品揃えの乖離が発生するため，マーケティングにおいて品揃え形成が必要とされる。オムニチャネル小売業の追及する目標が，消費者のチャネルを超えたシームレスな購買経験をその本質とするなら，「品揃え物および品揃え形成」の理論から得られる含意は大きいと考えられる。

　第1節で，オムニチャネルにおける品揃え物の統合が持つ意味を示す。第2節で，Aldersonの提唱した「品揃え物および品揃え形成」の理論に関する諸概念を説明する。第3節で，オムニチャネル小売業における「品揃え物および品揃え形成」の理論拡張の必要性を論じる。第4節で，「品揃え物および品揃え形成」理論の拡張の結果から得られる示唆を提起する。

第1節　オムニチャネルにおける品揃え物の拡張

　具体的に，品揃え物の拡張はオムニチャネル小売業において，どのように生じるだろうか。この点で，再度Bell et al. (2014) が提示した，消費者の視点から情報入手がオンラインかオフラインか，フルフィルメントが店頭でのピックアップか宅配かで分類するフレームワークを用いて考察したい。

　第一に，図7-1の上段にあたる，情報入手がオフライン，すなわち店舗で行われる場合，品揃え物は，基本的に店舗にある商品実物になる。ただし，店舗

図7-1　情報・フルフィルメントマトリクス

出典：Bell et al. (2014) p.47から引用

に商品在庫がない場合も発生し，伝統的な店舗型小売業者であれば販売機会を失うリスクが大きい。しかしながら，オムニチャネル小売業者が，他店舗や仮想店舗にある品揃え物に関する情報を，その場で消費者に提示できれば，小売業者にとって品揃え物拡張となる。例えば，日本トイザらスは2014年7月から，店舗にECの発注に使えるタブレット端末を配布して，店舗に在庫がなくても，端末を使って他の場所から出荷できるサービスを始めている[35]。

　第二に，図7-1の下段にあたる情報入手がオンラインであるインターネットの場合，オンラインでの品揃え物だけでなく，店舗の品揃え物に関する情報も必要となる。その結果，実店舗とインターネット通販の品揃え物を足し合わせた，仮想的な品揃え物が出現する。その結果，店舗型小売業やインターネット通販よりも拡張した品揃え物となる。

　以上の議論から，オムニチャネル小売業における品揃え物は，店舗型小売業やインターネット通販の品揃え物を統合した和集合となり，その中心は，「情報」としての品揃え物となる。

　本章では，インターネット空間での「実店舗」と「仮想店舗」の品揃え物統

(35)　月刊ロジスティクス・ビジネス，2018年5月号，pp.46-49より引用

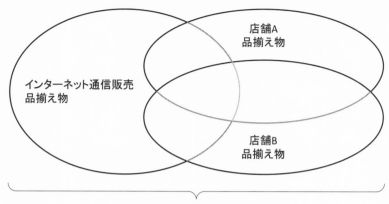
図7-2　オムニチャネル小売業における品揃え物

店舗A
品揃え物

インターネット通信販売
品揃え物

店舗B
品揃え物

オムニチャネル小売業の品揃え物全体

出典：筆者作成

　合をオムニチャネル小売業における品揃え物の特徴と定義する。次章以降で，インターネット空間の品揃え物に対して，多様な受け取り方法を求める消費者の購買行動を，Aldersonの「品揃え物および品揃え形成」の理論に依拠して検討する。

第2節　「品揃え物および品揃え形成」の理論に関する諸概念

1.Alderson（1957: 1965）

1.1.品揃え物（assortment）

　Aldersonはマーケティングの基本機能を品揃え形成活動と捉えた（Alderson 1965 訳書p.40）。そのうえで，品揃え物を「それぞれの財が直接的に相互に補完をなすか，あるいは全体として将来の不慮の事態に対処する一定の能力を発揮するところの2種類以上の異なる財の集合」（Alderson 1957 訳書p.229）と定義した。そして交換の本質は「交換にかかわる2人の当事者がそれぞれの

124

品揃え物を改善するために行う行為」（Alderson 1957 訳書p.223）とみなされた。よって，交換は単なる価値の移転や，取引当事者間のゼロサムゲームではなく，「価値を創造する」という立場に立つ。交換の価値は「既にその品揃え物に組入れられている他の生産物の使用価値を損なわないということを含めた当該消費者の持つ使用の諸条件によって決定され」（Alderson 1957 訳書p.248）るため，使用価値を前提とした消費者の品揃え物が理論の出発点となる。ここでは，商品単体の価値は他の異なる商品との組み合わせによって使用価値が高まる際に発揮されると考えられていると言えよう。

1.2. 品揃え物の潜勢力（potency of assortment）

　消費者の品揃え物を出発点として捉えたAldersonは，消費者の品揃え物の効用を「品揃え物の潜勢力」として概念化した。「全体としての品揃え物の価値は，消費者が遭遇するかも知れない将来の予測しえない事態に備える」ためにあり，消費者の品揃え物の潜勢力を規定する要因として「その生産物が対処すべき不慮の事態がもつ緊要性」と「その発生の可能性」が提起された（Alderson 1957 訳書p.225）。言い換えれば，消費者の品揃え物において，必要な財が不足した際に発生する問題の重要度と，そのような事態が発生する確率という2つの尺度で品揃え物の潜勢力が捉えられたと理解できる。

1.3. 斉合（matching）

　Aldersonは「個人のもつ諸所の欲求をそれに適切な生産物をもって斉合せしめる」のを，マーケティングの究極目標とした。斉合の方法として，生産物に特定の使用に適合すべき形態を付与する「形態付与」，形態付与をうけた標準的生産物を個人あるいはより正確には特定の使用情況に適合する「適合調整」，および品揃え物を創出する「品揃え形成」がある。そのうえで「品揃え形成の各段階を通しての品揃え物の創出こそがマーケティングの経済学にとっての核心」とされるのである（Alderson 1957 訳書p.228）。これによりマーケティングと品揃え物が不可分な関係として描かれた。

125

1.4. 品揃え形成活動の4側面

Aldersonは品揃え物を形成する具体的活動として「仕分け（sorting-out）」，「集積（accumulation）」，「配分（allocation）」，「取揃え（assorting）」の4側面を指摘した。操作の対象が異質か同質か，操作方法が分散か収集かの4象限で上記活動を分類したのが表7-1である。

表7-1　品揃え形成活動の4側面

	分散	収集
異質	仕分け	取揃え
同質	配　分	集　積

出典：Alderson (1965) 訳書p.41

Aldersonが重視するのは消費者の欲求に対処する「取揃え」であり，その他の活動は取揃えの予備的活動とされた（Alderson 1957 訳書pp.228-232）。

1.5. トランスベクション（transvection）[36]

最後に，マーケティング過程は，品揃え形成（sorts）と変換（transformations）から構成されると定義された。変換は，一定の設備を用いて変更される形態・場所・時間の効用を創出する（Alderson 1965 訳書p.33）。そして，集塊物から始まり，消費者の品揃え物に至るまでの，品揃え形成と変換の連鎖を「トランスベクション」と定義した。

$$TV=STSTS\cdots TS$$
但し，S＝品揃え形成，T＝変換

出典：Alderson (1965) 訳書p.102

トランスベクションは，取引より広い概念として解釈された。「取引は交換

---

(36) トランスベクションは「交・変換単位系列」や，略して「交変系」という訳語があてられる場合がある（田村 1971 p.30）が，本書では引用部分を除いて，「トランスベクション」と表記する。

126

の同意についての継起的交渉のみに限定されるが，交変系は交換のすべての連鎖を含みかつ，その間に生ずる種々の変換をも含んでいる」（Alderson 1965 訳書p.96）ため，「所有権の継起的変化が考慮されない場合，あるいはその過程が単一所有下で一貫して管理されているとする場合，全過程にとって何が必要かを問題視する」（Alderson 1965 訳書p.97）特徴を持った。

　品揃え形成と変換からなるトランスベクションにおいて，生産・流通・消費は継起的に発生する段階とみなされていない。「交変系としての個別の流通過程を，小売をインターフェイスとした広義の生産プロセス」（二瓶 1996 p.25）と捉えているのである。

　次項では，日本における代表的なAldersonの「品揃え物および品揃え形成」の理論に関する議論をレビューする。

2. 日本におけるAlderson研究

2.1. 荒川（1964）

　日本において，Aldersonに最も早く着目したのは，荒川祐吉である（石原 2000 p.41）。荒川（1964）は，Aldersonのマーケティング・プロセス認識の特徴として以下の2点を指摘した。

　第一に，従来のマーケティングが財の所有効用を増大する「交換過程」と財の時間的・場所的効用を増大する「財の実質的移転過程」とに分けて捉えていたのに対して，「品揃え形成」によってマーケティング・プロセスそのものを捉えることが可能になった点である。既存の議論では「交換過程」と「財の実質的移転過程」がどのように結びつくのか不明であったものが，品揃え形成概念により，真に過程として捉えるのを可能にしたのである。

　第二に，個々の財についての使用価値ではなく，「品揃え物」による使用価値が明示された点である。所有効用を基にして想定される個々の財の使用価値ではなく，財の集団の形成によって実現される使用価値が強調された（荒川 1964 pp.161-163）。

　そのうえで，「品揃え形成」は，純粋流通過程，純粋生産過程，および輸送

や保管といった特殊な生産過程いずれとも異なる価値形成過程と捉えられたのである（荒川 1964 pp.169-174）。

2.2. 田村（1971）

　田村（1971）は，マーケティング論の体系について議論している。マーケティングは寡占的製造企業の市場活動であり，経済学で想定される市場価格を所与とした市場活動とは異なる。「寡占的製造企業はその活動を通じて環境としての市場に影響することができ，環境によって完全に支配されるわけではない」ために，マーケティングの規定因は「企業内部の要因からも構成される」のである（田村 1971 p.10）。そこで，主体的規定因と環境的規定因を一つのマーケティング理論体系にしようと試みた研究者として，Aldersonをあげている[37]。

　Aldersonの機能主義における中心概念である「組織された行動体系（organized behavior system）[38]」と，異質市場との関係を説明する概念がトランスベクションであり，「交変系は「組織された行動体系」がその直接環境へ適応する場合の形態上の特徴を完備した最小の行為単位」（田村 1971 p.31）とされた。「交変系はその形態上の特性からみるかぎり，幾つかの独立決定主体をなす中間商の介在および彼らの行動を含むという意味で社会的過程」であるが，「交変系概念の特質はこのような社会的過程を私的過程として認識」する特徴を持つ（田村 1971 p.31）。そして，「交変系概念の観点からみるということは，所有権の継起的変化にかかわりなく，あるいは単一の所有権という「虚

---

(37) 機能主義的体系がマーケティングの目的行動側面に対応しているのに対して，マーケティングの環境対応側面に対応するのが生態学的体系とされ，Aldersonの理論に生態学的体系が導入されている理由と捉えられた（田村 1971 p.23）。
(38) Aldersonが1950年代に，最初に提起した「組織された行動体系」は，規模の異なる集団を一様に含んでいたのに対して，1960年代に入ると，機能主義をミクロとマクロの視点に区別して，自らの機能主義をミクロ視点と捉え，マーケティングにおける「組織された行動体系」を家計と企業と捉える変化があった点が指摘されている（田村 1971 pp.16-19）。

128

構」の下にマーケティング過程が管理される場合」(田村 1971 p.31) という前提に立つ。

その結果,「交変系は目標の選択が同時に関連環境を規定するという命題の直接環境との関連における系にほかならない」(田村 1971 pp.31-32) と解釈される。「環境は「組織された行動体系」の統制集団の心像を媒介として現れる」ために,Aldersonは,「意思決定者という立場から環境をみている」と捉えらえた (田村 1971 p.32)。結論として,「主体の行動の自由裁量の余地に対する外部的制約を体系的・原理的に分析するということは分析の対象として初めから除外されている」(田村 1971 p.33) という批判につながっている。

2.3.石原 (2000)

石原 (2000) では,Aldersonの品揃え物の議論に対する考察として,「品揃え物を徹底して消費者の観点から捉えている」(石原 2000 p.49) ため,一方で卸売業者や小売業者の品揃え物への着目が弱いとみなされた。しかし,石原 (2000) は,流通の中間段階における品揃え物に,より着目すべきと考えた。そこで,卸売商と小売商および消費者の品揃え物を別個に捉えて,「卸売商品揃え物」と「小売商品揃え物」をまとめて「中間品揃え物」と呼んだ。

そのうえで,特に小売業者の品揃え物に着目すべき理由が以下のように示された。前節で述べた通り,Aldersonは消費者の品揃え物の潜勢力を規定する要因として「その生産物が対処すべき不慮の事態が持つ緊要性」と「その発生の可能性」をあげた。消費者の品揃え潜勢力を高める商品は「緊急事態に対して無防備であるという危険を最大限に減少させうる生産物」となる (Alderson 1957 訳書p.225)。

この議論に対して,石原 (2000) は,品揃え物の潜勢力に影響を与える要因として「入手の容易性」を新たに加えた。小売店舗が消費者の近隣にあるか否かが,消費者の品揃え形成に影響を与える。近隣の小売店舗における品揃え物の広さや深さによって,消費者は自らの品揃え物を変化させるのである。よって,消費者の品揃え形成は,消費者自身の要因以外に,小売業者の品揃え

物にも影響を受ける。その結果，消費者の品揃え物だけでなく，「それを補完する小売商の品揃え物にもっと積極的な関心がもたれるべき」との結論に至るのである（石原 2000 pp.49-53）。

　次なる指摘は，個別次元と集積次元の品揃え物概念の提示である。品揃え物の潜勢力という視点は個々の消費者の品揃え物に焦点が当たっている。しかしながら，先述した中間品揃え物が消費者の品揃え形成に影響を与えると考えた場合，個々の消費者は，小売業者の品揃え物として，単一の店舗だけを意識するわけではない。消費者は買い物可能な小売店舗全体を想定したうえで，品揃え形成を行うと考えるのが自然である。すなわち，消費者の品揃え物に影響を与えるのは単一の店舗の品揃え物ではなく，買い物範囲にある店舗全体の品揃え物である「集積レベルの品揃え物」となる（石原 2000 pp.53-58）。

2.4. 高嶋（1999）

　高嶋（1999）は，「品揃え物および品揃え形成」の理論の2つの特徴として「コストや利潤のような経済的局面から品揃え形成を考察し，経済的な最適化のための規範的な品揃え物を考え」る点と，「品揃え形成を「広さ」と「深さ」という二つの基準で考える」点をあげた。しかしながら，石原（2000）の提示した個別的品揃え物と集積レベルの品揃え物[39]といった分類を踏まえたうえで，個別的品揃え物についての理論展開が十分でない点を指摘した。そのうえで，①集積レベルの品揃え物構造の測定や，その状態を規定する条件，②流通業者の品揃え戦略，および③小売業者と卸売業者の品揃え形成の異質性といった理論的な課題が指摘された。

　②流通業者の品揃え戦略について，商業論の視点における「集積レベルの最適な品揃え物の設計」の延長という捉え方ではなく，環境の不確実性や品揃え

---

(39) 高嶋（1999）では，石原の過去の用語に即してミクロ的品揃え物・マクロ的品揃え物という表現が用いられているが，石原（2000）で，その用語を個別的品揃え物・集積レベルの品揃え物に変更している（石原 2000 p.68）ので，本書ではこちらの用語で統一して用いる。

図7-3　小売業者と卸売業者の品揃え物の性格の差異

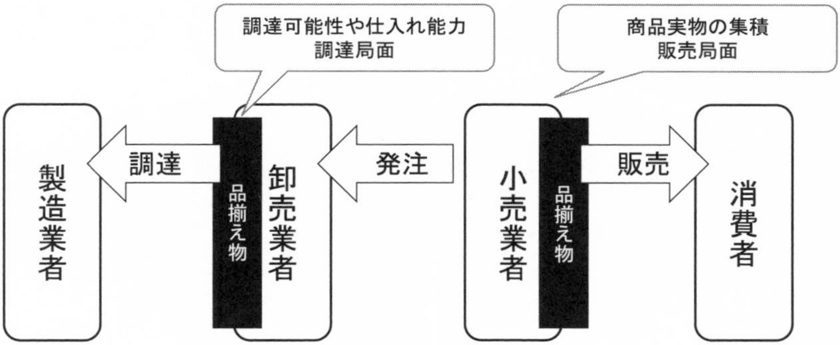

出典：筆者作成

形成の制約と対峙する個々の小売業者に対する視点が提起された。ここに至ると，個々の小売業者にて行われる品揃え物の絶え間ない修正や商品の調達といった個別的品揃え物が議論の対象となる。

　また，品揃え形成の制約という視点から，③小売業者と卸売業者の品揃え形成の異質性が導かれる。「小売業者の品揃え形成は，商品の集積として，販売局面」として捉えられる。店舗で実現される品揃え物は商流・物流・情報流が一致した状態である。一方で，「卸売業者の品揃え形成は，商品実物の集積ではなく，調達可能性や仕入れ能力」となる。一般的に卸売業者における品揃え物は，商品実物の集積としてではなく，調達可能な商品情報となる。これより，小売業者の品揃え形成と卸売業者の品揃え形成は異なる理論で考えるべきとの主張がなされた。

第3節　オムニチャネルにおける 「品揃え物および品揃え形成」

1.「品揃え物および品揃え形成」理論の拡張

　伝統的な店舗型小売業者に対峙する消費者にとって，品揃え物は店舗に実体

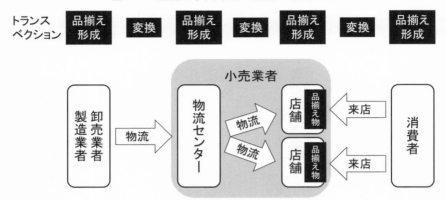

図7-4　店舗型小売業者の品揃え形成過程

出典：筆者作成

として存在していた。トランスベクション概念に基づけば，店舗における品揃え物を，消費者の品揃え物に変換する行為は，消費者が自ら行っていた。一般的なチェーンストア小売業を例に，その関係を示したのが図7-4である。

　インターネット通販においては，品揃え物が実体から情報へと変化した。消費者は，インターネット空間の仮想店舗における品揃え物に関する情報をもとに注文を行い，変換活動は小売業者が担うようになった。

　オムニチャネル環境でも，消費者視点で考えれば，モバイルやパソコンを介したインターネット空間での品揃え物が，小売業者の品揃え物となる。その点では，インターネット通販と同様である。しかしながら，複数のチャネルを統合するオムニチャネルでは，インターネット空間で「実店舗」と「仮想店舗」を統合した品揃え物に対して，消費者が自らの利便性を考慮した購買行動が選択可能である。具体的には，購買すると決めた商品を自宅に宅配してもらうのか，外出時に小売店舗・コンビニエンスストア・宅配ロッカーといった拠点で商品を受け取るのかを決定する。その際には，宅配であればいつ届くのか，店舗での商品受け取りならば，在庫があるのか，無ければいつ時点から受け取り可能なのかといった情報が必須となる。

図7-5 インターネット通販事業者の品揃え形成過程

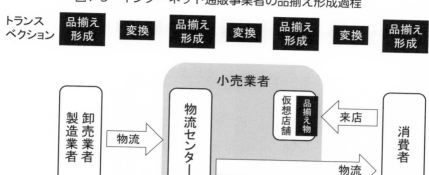

出典：筆者作成

　すなわち，消費者が購買する小売業者を選択する際の要素として，品揃え物の「広さ」や「深さ」に加えて「時間」概念が加わるのである。そのため，小売業者は物流センターにある商品を，どの受け取り拠点に，何時間後に納品可能で，消費者が受け取り可能になるのがいつなのかを把握する必要がある。したがって，オムニチャネル小売業者が消費者に対して行う品揃え形成は，その前工程にある品揃え物や，変換活動である物流と連動しなければ，実現できないとの結論が得られる[40]。さらに，品揃え形成の範囲を，製造業者や卸売業者まで拡張すれば，その対象範囲は格段に広くなる。この関係を示したのが図7-6である。

　インターネット通販も，消費者視点で見れば，購入した商品がいつ自宅に配達可能かという「時間」概念が含まれているが，主として輸送リードタイムを基礎にした受注締め切り時間とそれに対応する配達日時という一対の関係性のみ把握すればよかった。これは状況によって変化する要素ではなく，固定的で

────────────────────

[40] Aldersonの変換概念には場所および時間の効用だけでなく，形態効用が含まれるが，本書では，物流の5機能の中で，「流通加工」が形態効用を生む機能と捉えている。

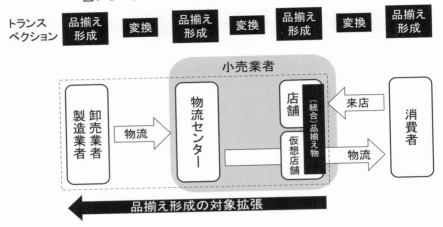

図7-6　オムニチャネル小売業者の品揃え形成過程

出典：筆者作成

ある。したがって，「時間」概念がオムニチャネルとは質的に異なる。

　トランスベクションの視点から見れば，消費者が認識する小売業者の品揃え物は，前工程の「品揃え形成」や「変換」との連携による調達リードタイムを含めた概念に拡張されるのである。

　Priem et al. (1997) は，競争優位の視点から，PorterのバリューシステムとAldersonのトランスベクションの概念が類似している点を指摘したうえで，Aldersonの議論を戦略論に適用する可能性について言及した。オムニチャネル環境による品揃え物概念の拡張は，トランスベクションにおける変換と品揃え形成をより密接に結びつけ，企業の戦略に寄与する可能性がある。

2.消費者の「品揃え物の潜勢力」を高めるオムニチャネル

　前節で述べた通り，Aldersonは消費者の品揃え物の潜勢力を規定する要因として「その生産物が対処すべき不慮の事態が持つ緊要性」と「その発生の可能性」を主張した（Alderson 1957 訳書p.225）。石原（2000）は，それに加えて「入手の容易性」の必要性を指摘した（石原 2000 pp.52-53）。石原

（2000）の議論では，店舗への距離が意識されていたと言える。これは，Alderson の品揃え物の潜勢力を構成する事態の緊急性を，消費者が商品調達に要する時間と関連付けたと理解できる。財の必要性が生じたときに，その財を調達するのに許容可能な受忍時間を想定して，その大小により消費者が品揃え形成を行うか否かが決定されるのである（石原 2000 pp.18-20）。すなわち，消費者の品揃え潜勢力という視点で「入手の容易性」を論じたとき，品揃え形成に「時間」概念が必要な点が含意されていたと推察される。

　ここでは，それに加えて，商品が欠品する「不確実性」も「入手の容易性」と関係する点を明らかにしたい。Alderson や石原の議論では，商業者の存在が身近であり，調達時間が短縮されるほど，消費者は品揃え物を多く持つ必要がなくなるとされる。しかしながら，商業者のアベイラビリティが低ければ，消費者の調達に不確実性が生じる。消費者が小売店舗に購買に行っても，あるはずの商品在庫がなければ，前提であった調達時間が著しく長くなるからである。したがって，品揃え物の「広さ」と「深さ」に「時間」の情報が加わるオムニチャネルは，消費者の品揃え物の潜勢力を高める効果をもたらす。なぜなら，商品の入手可能時を示す「時間」概念は，実際に店舗に赴いた後で，在庫の欠品に遭遇するリスクから消費者を解放するため，消費者の品揃え形成における不確実性を低減するからである。

　すなわち，品揃え物に「時間」概念を付加するオムニチャネルは，消費者の品揃え物の潜勢力に正の影響を与えると言えるだろう。

　日本通信販売協会が2017年に行った通信販売における「配送満足度調査」によれば，消費者が配達サービスで重視する点として回答率の高い順に「配達時間帯の指定」が64％，「配達日指定」が59％となった。第3位の「事前お届け通知」は20％で大きく差があり，「翌日配送」については7％であった[41]。通信販売チャネルにおいても，短いリードタイムでの配達よりも確実性が重視されているのがわかる。不確実性を回避したい消費者のニーズが示されたアン

---

(41) マテリアル・フロー，2017年7月号，pp.76-80から引用

ケート結果と言えよう。

　消費者の欠品に対する反応は，①代替品の購入，②後日購入，および③購入
の中止に分類される（Zinn and Liu 2001）が，Corsten and Gruen (2003) の調
査によれば，欠品時に別の店舗で同じ商品を購入する消費者が31％と最も多
かった。店舗型小売業者のオムニチャネル化によって，消費者が欠品に遭遇す
るリスクを解消できれば，小売業者にとっても利点がある。

　以上の議論によって，オムニチャネルは通信販売チャネルだけでなく，あら
ゆるチャネルでいつ商品が受け取り可能かという情報の提供により，消費者の
商品入手における「不確実性の解消」という便益をもたらす可能性が示されて
いるのである。

3. 小売業者の品揃え物と卸売業者の品揃え物の接近

　一般的に，小売業の業務は「仕入れ」と「販売」に分けられる（岸本 2013
p.3）。チェーンストアオペレーションにおいて，商品仕入れは本部が行い，店
舗は商品を販売するといった分担は典型的な例である。

　しかし，インターネット空間に品揃え形成するオムニチャネルでは，商品実
物の集積としての品揃え物ではない。そのため，店舗で品揃え物を即座に入手
する購買行動とは異なる。消費者はインターネット空間の品揃え物に対して，
購入したい商品の受け取り可能なチャネルを選択する行動を取る。その時，小
売業において別個に考えられる傾向のある調達と販売を一体化して捉える必要
が生じる。前節で述べたように，高嶋（1999）は，小売業者の品揃え形成を
商品実物の集積としての販売局面として捉える一方で，卸売業者の品揃え形成
は，調達可能性や仕入れ能力といった仕入れ局面にあるとの違いを指摘した。
しかし，インターネット空間の品揃え形成となるオムニチャネルでは，この違
いがあいまいになる可能性がある。小売業者が既に仕入れた自社のチャネル内
にある商品在庫を他のチャネルに融通させるだけの運用であれば，仕入れ局面
とは言えない。しかしながら，製造業者や卸売業者からの仕入れも前提として
オムニチャネルの品揃え形成を行うとすれば，それは仕入れ局面を重視する卸

図7-7 オムニチャネル小売業の品揃え形成における調達局面

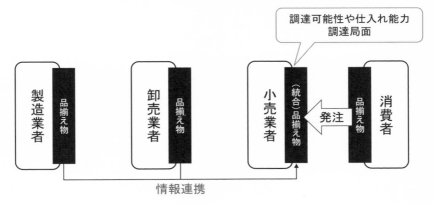

出典：筆者作成

売業者の品揃え形成の理論に近くなるからである。この前提に立つと，消費者が行っているオムニチャネル小売業に対する購買行為は，購買というよりはインターネット空間にある品揃え物の集合，すなわち当該小売業者が取り扱っている「情報としての商品マスターに対する発注」という性格を有しているとも考えられる。

　その結果として，小売業者は企業全体として取り扱うすべての商品を仕入れる機能が重要となる。高嶋（1999）で指摘された卸売業者の品揃え形成の特徴である「調達可能性や仕入れ能力」がオムニチャネル小売業者にも必要とされるのである。その際に，小売業者は卸売業者や製造業者からの調達に要する「時間」を把握する必要がある。品揃え物のアベイラビリティを「時間」概念を加えて可視化しなければ，消費者はチャネル選択を行えない。この局面に至ると，小売業者と卸売業者・製造業者との物流情報を軸にした連携が不可欠であるのがわかる。ここに企業の境界を超えた製販連携が求められる理由がある。従来，小売業者が店舗から行っていた発注業務が消費者に移り，小売業者が卸売業者の能力を必要とするといった形で，商業者が流通過程において果たす機能に変化が生じるのである。

今まで，小売業者には，製造業者・卸売業者の販売代理人であると同時に，消費者の購買代理人としての役割があった。そのため，市場の変化を迅速に捉え，消費者の需要を即座に把握できる強みが小売業に生じてきたのである。しかしながら，オムニチャネル環境では，消費者はオムニチャネル小売業者がすべてのチャネルで扱う仮想的な品揃え物全体の中から，購買が可能になった。これは，あたかも小売業者が製造業者・卸売業者に対して行っていた発注業務である。そして，小売業者はこの発注に対応するために製造業者や卸売業者と連携を必要とする。オムニチャネルに取り組むためには，消費者に移転した発注業務を起点として，サプライチェーンを再構築しなければならないのである。したがって，ECRやCPFRといった店頭欠品を防ぐための従来型の製販連携を超えたシステム構築が求められるのである。

第4節　品揃え物から見たオムニチャネルに対する考察から得られる示唆

1.消費者費用と商品分類

　前節で，オムニチャネル小売業の品揃え物に「時間」概念が必要とされる議論を展開した。この結果を踏まえて，流通論における消費者費用および商品分類の理論から得られる示唆が提起できる。

　第一に，消費者費用の視点から考察する。消費者費用は，①貨幣費用，②時間費用，③肉体的・心理的費用から構成される（田村 2001 pp.27-29）。今までの議論から，品揃え物に時間概念が加わるオムニチャネル購買を必要とするのは，②時間費用を重視する消費者と考えられる。具体的には，共働き世帯や一人暮らしの勤労世帯等が該当するであろう。世帯で日中時間帯にいずれかの人が在宅しているのが通常であれば，届ける先を自宅以外に設定するメリットが小さい。通信販売の物流チャネルである宅配を利用するのが合理的である。

　一方で，仕事または学校等で外出する機会が多く，昼間の時間帯に自宅不在になる人も多い。この場合，勤務先や学校の近く，またはその移動中に商品

を受け取れれば，時間費用の大幅な節減が可能になる。これらの人々は忙しく，時間の機会費用も相対的に高いと想定される。

　平成27年度の国勢調査によれば，一人暮らし世帯は約1,842万世帯と一貫して増加している。また，共働き世帯数も平成9年に夫のみ働く世帯を上回って以降拡大傾向を続け，平成29年には約1,188万世帯に達している（内閣府2018 p.117）。時間の機会費用が高く，オムニチャネルによって得られる便益が大きい世帯の増加が，オムニチャネル小売業の拡大を後押ししていると推察される。Rigby（2011）は，「すべての顧客層は，デジタルとリアルの完璧な融合を望むに違いない」（Rigby 2011 訳書p.64）と述べたが，その程度は「時間費用」の重要度によって大きく異なるのである。Murfield et al. (2017) は，オムニチャネル小売業を利用する消費者に対して，ロジスティクスサービス品質の「適時性」が顧客満足や顧客ロイヤルティに正の影響を与える実証結果を示したが，多くの家庭が時間の不足に直面しているのが理由であると分析している。これらの研究結果は，「時間費用」を重視する消費者がオムニチャネルを利用するという本書の分析と整合的である。

　翻って考えると，インターネット通販やネットスーパーといったチャネルの標的顧客は「時間費用」よりも「肉体的費用」が大きい消費者となるのではないだろうか。具体的には，時間はあっても，体力の問題で店舗まで出向けなかったり，重い商品を持ち帰るのが負担になる消費者である。オムニチャネル小売業とインターネット通販専業事業者，ネットスーパーは，フルフィルメントの形態は一見類似しているが，標的顧客となる消費者が異なる可能性が指摘できる。

　第二に，Copeland (1923) が提唱した商品分類から検討する。Copeland (1923) は，最寄品（convenience goods）を「容易にアクセスできる店舗で習慣的に購買される」商品であり，「欲求を感じたらすぐに満たしたいと思う」特徴があると指摘した。一方で，買回品（shopping goods）は「消費者が購買時に価格・品質・スタイルを比較したいと思う」商品であり，「欲求をすぐに満たすというのは最寄品の場合ほど重要な問題ではない」と特徴づけた

（Copeland 1923 pp.282-283）。

　Holton (1958) は，最寄品と買回品を，価格や品質の比較によって得られる利益と時間・費用・努力といった探索費用との較量によって分類した。商品を比較検討して得られる利益が探索費用よりも低ければ最寄品となり，高ければ買回品となる。

　これらの定義より，「最寄品と買回り品の区分は，主として探索性向にもとづいている」とされる。そして，探索を構成する要素の一つである情報探索による比較検討が少ないのが最寄品，商品の比較検討が主たるタスクとされるが買回品となる（田村 2001 pp.172-173）。店舗型小売業者に対するインターネット通販の競争優位性は，商品や店舗の探索効率の高さに求められる（田村 2001 pp.318）が，インターネット空間に品揃え形成するオムニチャネルも同様の傾向を示すと言えるだろう。

　したがって，最寄品と買回品を比較した場合，近隣の店舗で，探索に時間をかけず購入する最寄品より，情報探索の価値が高い買回品のほうがオムニチャネルに適していると考えられる。反対に，インターネット上で探索費用をかけるより，店舗において品揃え物を一覧して購買するのに適しているのが最寄品となる。

2.ロジスティクスの重要性

　前節の議論から，オムニチャネル小売業におけるロジスティクスの重要性も導かれる。インターネット空間で展開される品揃え物を，消費者がいつどこで受け取り可能になるのかをシステムとして機能させるためにはロジスティクスが必要になる。

　マルチチャネル小売業ではロジスティクスはチャネルごとに別個に管理された。しかしながら，オムニチャネル小売業では商品があらゆるチャネルで受け取れる柔軟性が必要となる。チャネル単位で構築したロジスティクスを，商品がチャネルを超える前提で再構築する必要がある。また，在庫理論から見た場合，ロジスティクス管理をチャネルで別個に行う状態で，オムニチャネル戦略

を取れば，アベイラビリティを同等に保つために，より多くの在庫量が必要になる。その結果，キャッシュフローが悪化する。この事態を防ぐためにチャネルを超えたロジスティクス統合が求められる。これが従来のロジスティクス統合が必要とされる暗黙の認識であり，チャネル間の水平統合を意識していると考えられる。

　しかしながら，「時間」概念は消費者サービスと強く関係している。従来，小売業者のロジスティクスは企業の内部情報であり，外部すなわち消費者に提示されることは少なかった。店舗へ納品される商品の物流に関する情報は，消費者に開示する必要がなかった。また，インターネット通販においても，主に出荷された以降の宅配便の貨物追跡情報に限定されていた。しかしながら，オムニチャネルにおける小売業者の品揃え物は，すべてのチャネルの品揃え物の和集合としてインターネット空間で展開され，さらに「時間」概念を付加したものであり，消費者にリードタイムが可視化されなければならない。それは，オムニチャネル小売業の品揃え物のアベイラビリティを担保するロジスティクスに関する情報を可視化する必要性を小売業者にもたらす。商品を消費者の手元に届ける「実体」だけでなく，商品の入手可能なリードタイムを「情報」として提供する役割がロジスティクスに求められるのである。

　以上の理由により，オムニチャネル小売業の「品揃え物」において「ロジスティクス」概念は不可欠となる。消費者視点で見れば，オムニチャネルは不確実性解消により，品揃え物の潜勢力を高める効果を持つ。そして，その実現のために，商品を物理的に届けるだけでなく，入手可能なリードタイム「情報」を提供する役割としてロジスティクスが不可欠であるという結論が得られる。

第5節　小括

　本章では，Aldersonの提唱した「品揃え物および品揃え形成」の理論をもとに，オムニチャネルに関する考察を行った。

　第一に，オムニチャネル小売業が消費者に提供する便益を明らかにした。具

体的には，品揃え物の「広さ」と「深さ」に加えて，「時間」がオムニチャネ
ル小売業では必要となった。その結果，消費者の品揃え形成における不確実性
が解消され，消費者の品揃え潜勢力に正の影響を与える関係性が示された。

　第二に，品揃え物に「時間」概念を付加するためにロジスティクスが重要で
ある点を明らかにした。物理的に商品を消費者に届ける機能に加えて，リード
タイムの可視化という「情報」としての役割を果たすために，オムニチャネル
小売業者は，ロジスティクス戦略を構築する必要があるという結論が得られ
た。

第8章
オムニチャネルにおける
ロジスティクスの役割

第4章では，消費者の購買経験に直接影響を与えるロジスティクス統合が「配達」と「返品」である点を示した。第5章では，商品の知覚リスクが小売業者の戦略類型に影響を与え，知覚リスクの低い商品を扱う小売業者は，C&C等のサービスに注力するため，ロジスティクス統合が，より重要となる可能性が示唆された。第6章では，小売業研究におけるアベイラビリティ概念が，オムニチャネルに進化するにあたり，変容する様が指摘された。第7章では，オムニチャネルにおける品揃え物では「広さ」と「深さ」に加えて，「時間」が必要になるという概念拡張が行われた。本章では，これらの知見を整合しながら，オムニチャネルにおけるロジスティクスが果たす役割を論じていく。

第1節　チャネルを超えた購買行動を生む消費者ニーズ

　第5章で，オムニチャネル小売業事例の類型化を試みた。分析の結果，商品の知覚リスクが，小売業者の戦略を分ける要素である点が明らかにされた。これは，消費者の視点に立てば，チャネルを超えた購買行動に，2つの側面がある点を示唆している。

　第一に，知覚リスクの高い商品の品質を確かめてから購買したいという消費者のニーズである。衣料品や眼鏡といった商品は，実際に試着してみて，自分に合っているかを確認する。オーマイグラスは，インターネット通販専業時代には，返品可のビジネスをとっていたが，実店舗で商品を試せる空間を提供した。したがって，この領域は知覚リスクの高い商品を扱うインターネット通販専業事業者が，取りやすい戦略と言える。

　一方で，店舗型小売業者においても，同様の事例がある。例えば，PBの靴を扱う丸井グループは，フィッティングだけを行う店舗を出店している。靴の色やサイズのバリエーションすべてのSKUを在庫するのは，バックヤード等の物理的な制約のある店舗では難しい。そこで，店舗は試着に特化して，購入された商品は，別途通信販売の物流チャネルである宅配を使用して自宅に届け

る。店舗には，商品を販売するための在庫を置く必要がない。

　この時，店舗は商品を販売する場所ではなく，商品に実際に触れるショールームとして機能している。すなわち，店舗は，消費者の知覚リスク解消のための場なのである。

　第二に，商品を自分の希望する場所で，希望する時に受け取りたいというニーズである。インターネット通販では，宅配が基本であり，配達日時を指定して自宅に待機する必要がある。宅配ボックスが設置されている住居であれば，不在でも商品の受け取りが可能だが，そうでなければ，再配達を繰り返す例も少なくない。国土交通省が2019年に行った調査では，宅配便の再配達率は16.0％となり（国土交通省 2019[(42)]），物流業界における人手不足の原因や，二酸化炭素排出増による環境への悪影響等の社会的損失も大きくなっている。環境省が経済産業省および国土交通省と連携して，消費者向けに宅配便を1回で受け取るよう啓発をしているが，2020年度の再配達率13％という目標には近づいていない。

　消費者視点に立てば，忙しいからこそ自宅で受け取る暇がない。そのため，住居と離れた受け取り拠点の利用を推奨されても，自分の生活圏を超えて利用するのは考えづらい。したがって，消費者が自宅以外の受け取り拠点を選択するには，受け取り方法の多様性と利用可能な受け取り拠点の数が重要になる。また，それぞれの選択肢でいつ受け取り可能かといったリードタイム情報も，時間のない消費者にとっては重要になる。

　小売業者のオムニチャネル戦略は，これらの問題を解決する。オンラインでの注文に対して，宅配以外の選択，具体的には，自社の小売店舗や他社コンビニエンスストア・宅配ロッカー等の利用を可能にして，多くの選択肢を消費者に提供する。消費者は，自らの日常生活の行動圏を想定して受け取り拠点を選択し，時間を余分にかけずに商品の受け取りが可能になる。本書における議論から，受け取り方法選択の際には，店舗ごとの在庫の有無や，各拠点でいつ商

（42）調査期間は2019年4月1日～30日

品が受け取り可能になるかといったリードタイム情報も必須である。これらの条件が整えば，オムニチャネル小売業が提供するC&Cの利用により，消費者の利便性が高まる。

　以上の考察から，消費者がチャネルを超えた購買行動を取る理由として，①知覚リスクの解消を望むニーズと，②受け取りの利便性を望むニーズがあるのがわかる。

第2節　オムニチャネルが消費者にもたらす便益

　前節の議論から，チャネルを超えた消費者の購買行動において，2種類の異なるニーズの存在が明らかになった。

　いわゆるショールーミングは知覚リスクの解消で，消費者の便益が理解しやすい。

　一方で，C&Cを利用する消費者は，利便性を求めている。本節では，C&Cの提供する利便性について，具体的に考察したい。

　第7章の議論で，オムニチャネル小売業者の品揃え形成は，従来の小売業研究における品揃え形成とは異なる意味を持つ点が示された。具体的には，品揃え物を「広さ」と「深さ」だけで捉えるのではなく，「時間」概念を必要とする変化が生じていた。C&Cを利用する消費者にとっては，購入の意思決定に際して，品揃え物を「広さ」と「深さ」でだけでなく，どの受け取り拠点で，いつ受け取り可能かという商品の受け取りまでの「時間」も判断基準となる。もし，最寄りの小売店舗に商品在庫があれば，店舗に赴けばよい。また，自らの行動予定に照らして，最も利便性の高い受け取り拠点の選択も可能である。これにより，消費者は，商品入手に要する追加時間を最小化した購買行動が実現できる。

　さらに，品揃え物の調達に必要な「時間」情報が付加されると，消費者の欠品に遭遇するリスクが解消される。店舗における品揃え物に関する情報を消費者が持っていたとしても，実際に店舗に赴いた際に，商品が欠品していれば，

商品入手はできない。代替物の購入で済ます場合もあるが，別の店舗での購入や，購入をあと伸ばしにする場合もある。これは，欠品によって，消費者が商品を調達するためのリードタイムが，大きく伸びてしまう可能性を示している。オムニチャネル小売業者は，品揃え形成に「時間」概念を付加して，消費者の来店時に欠品となるリスクを防いでいる。そのために，消費者の品揃え形成における不確実性が解消されるのである。

　以上から，調達リードタイムの可視化と，商品入手における不確実性の解消は，いずれも消費者費用を構成する費用概念のうち，時間費用の削減に大きく貢献する効果をもたらすと言えよう。

第3節　オムニチャネルにおけるロジスティクスの役割

　本節では，前節までの議論を踏まえて，オムニチャネルにけるロジスティクスの役割について，改めて論じていく。

　第1節で述べた①知覚リスクの解消について考察する。消費者は，知覚リスクが高いと認識する商品に対して，店舗で商品実物に触れるのを望む。その過程を踏まえた，購買意思決定によって，知覚リスク解消を実現する。その際に，受け取りの選択肢は，「店舗」か「宅配」になる。これに対して，小売業者は，いずれの選択であっても，従来からある物流チャネルをそのまま利用できる。店舗での引き渡しは当然のこと，宅配についても，通信販売の物流チャネルを利用すればよい。したがって，ロジスティクスは従前から変更する必要がなく，チャネルを超えたロジスティクス統合も生じない。

　しかしながら，②受け取りの利便性については状況が異なる。消費者は，購買した商品の多様な受け取り方法を必要とする。その要素として，「調達リードタイム」，「受け取り方法の選択肢の数」，「変更可能性」等があげられる。

　前節で述べたように，オムニチャネル小売業の品揃え形成には，「時間」概念の付加が必要である。そのために，小売業者は，商品の在庫の有無や，消費者が望む受け取り拠点に商品を配送するためのリードタイムを把握する必要が

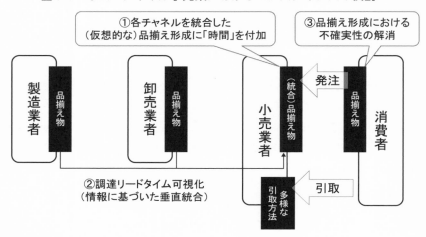

図8-1　オムニチャネル小売業におけるロジスティクスの役割

①各チャネルを統合した
（仮想的な）品揃え形成に「時間」を付加

③品揃え形成における
不確実性の解消

製造業者　品揃え物

卸売業者　品揃え物

小売業者　（統合）品揃え物　発注

品揃え物　消費者

②調達リードタイム可視化
（情報に基づいた垂直統合）

多様な引取方法　引取

出典：筆者作成

ある。小売業者内部で言えば，店舗の在庫情報や，購買された商品を物流セン
ターから店舗，もしくはその他受け取り拠点へ移送するリードタイムといった
「情報」が鍵になる。また，小売業者が当該商品の在庫を有していない場合，
サプライヤーへ発注する際に，調達リードタイム情報が必要になる。したがっ
て，オムニチャネル小売業者は自社内部だけでなくサプライヤーを含めた，在
庫やリードタイムといった物流情報を把握する必要がある。これが，情報を核
にした垂直的なロジスティクス統合である。時間費用を中心とした消費者費用
の削減という便益を提供するオムニチャネル小売業にとって，情報によるロジ
スティクスの垂直統合は，オムニチャネルを成立させるための必要条件とな
る。

　ただし，消費者の視点に立って考えると，入手可能なリードタイムさえ把握
できればよいわけではない。店舗の在庫がない状態が頻繁に発生し，どの受け
取り拠点でも，調達に長い時間を要するようでは，消費者の利便性は高まらな
い。第6章で述べたように，消費者が選択可能な受け取り拠点でのリードタイ
ムをいずれも許容できない場合，従来の小売業研究における「欠品」が生じて

いるのと同じ状態になる。オムニチャネルにおける「欠品」を認識した消費者は，他の小売業者の品揃え物を探索するだろう。小売業の競争環境の中で，在庫の確保や調達リードタイムの短さが求められる。

　消費者が受け取りできる拠点の「選択肢の数」も重要となる。個々の消費者が，自分の行動予定にあわせた，追加時間の最も少ない選択が，消費者にとっては望ましい。すなわち，消費者が商品を受け取る選択肢が多いほど，利便性が高められる可能性は大きくなる。同一の商品を扱う2つのオムニチャネル小売業者を比較した場合，時間費用をより低くできる選択をするのが合理的な消費者行動となる。

　そのために，小売業者は自店舗だけでなく，他社と連携してコンビニエンスストアや宅配ロッカーといった受け取り拠点を拡大して，消費者に選択される可能性を高める戦略をとる。Larke et al. (2018) や，近藤（2018）が，日本におけるコンビニエンスストアの多店舗ネットワークにオムニチャネルの可能性を見出すのは，ここに理由がある。ただし，小売業者の自店舗であれば，店舗向けの物流チャネルが存在するので，その活用も可能である。しかしながら，それ以外の受け取り拠点は，店舗向けの物流チャネルを拡張するか，宅配便を利用して拠点に納品するといった，新たな物流チャネルを構築する必要がある。すなわち，従来の単線的な物流チャネルを超えて，商品の移動が必要になる場合が生じる。

　また，消費者は注文をした後で，自分の予定の変更に応じて，受け取り方法の変更を望む例も考えられる。現在の宅配便の再配達問題は，この要望に応えられていないと見るのも可能であろう。その際には，ある目的地に向かって，物流チャネルを流れ始めた商品の目的地を，途中で変更する必要が生じる。自宅で宅配として受け取るつもりだったのが，外出先の店舗での受け取りに変更する。反対に，店舗受け取りを，24時間受け取り可能な宅配ロッカーに変更する等である。この場合，物流チャネルを移動中の商品の流れをキャンセルして，改めて別の物流チャネルで商品を流通させる方法も考えられるが，リードタイムが長くなる。それを防ぐために，現在商品が存在する物流チャネルから

図8-2　オムニチャネル小売業のロジスティクスネットワーク構造

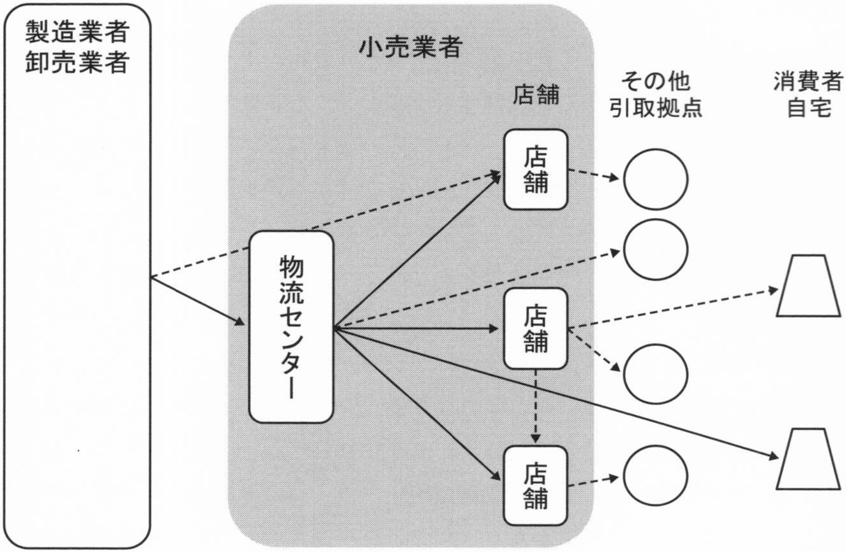

出典：筆者作成

別の物流チャネルへ商品を移動する必要も出てくるであろう。そのために，上流から下流へといった垂直的な物流ではなく，異なるチャネル間で水平的に商品を移動する必要が生じるのである。

　以上の議論は，消費者から選ばれるオムニチャネル小売業者であるために，実体として商品をチャネル間移動する，図8-2に実線で示した既存の物流チャネルだけでなく，破線で示された，水平的なロジスティクス統合が必要な点を示している。

　以上の議論から，オムニチャネルにおけるロジスティクスの役割として，オムニチャネルの必要条件としての「情報によるロジスティクスの垂直統合」と，十分条件としての「実体としてのロジスティクスの水平統合」という2つの側面が指摘できるのである。したがって，オムニチャネルにおいても，ロジスティクス設計が重要になる。しかしながら，シングルチャネルやマルチチャ

ネルと比較して，はるかに複雑なロジスティクス構造であり，極めて難易度の高い取り組みと言える。

第4節　オムニチャネルの社会的意義

　本節では，マクロ的な視点に立ってオムニチャネルを考察する。初めに，オムニチャネルが，流通費用に与える影響について考察する。次に，商業の介在原理である情報縮約・整合[43] の経済と多数連結の経済を構成する不確実性プールの原理に関して，オムニチャネルの文脈で考察する。

　第一に，消費者にとっての商品入手の不確実性解消は，小売業者から見れば，商品を消費者に確実に引き渡せる確実性を意味する。例えば，宅配の物流チャネルしか持たない小売業者は，宅配時の不在問題が課題となっている。消費者が購買時に，自らの都合に合わせて確実に受け取れる方法を選択できれば，社会問題化している宅配便の再配達問題の解消にも貢献するだろう。

　また，知覚リスクの高い商品を取り扱う小売業者は，消費者が返品をしやすくする環境を作り，購買意欲を高めようしてきた[44]。しかし，その当然の帰結として，返品物流が増加する結果を招く。この対応としての，店舗のショールーム化は，返品率の削減に寄与する取り組みと言える。

　さらには，オムニチャネル環境では，多様な受け取り方法の提供により，消費者が自分の行動計画にあわせて，商品入手のために追加となる時間を，なるべく増加させずに購買が可能になる。

　以上の内容は，オムニチャネルに社会全体の流通費用を減少させる可能性が

---

(43) 情報縮約・整合の原理は，田村（1985）によって最初に提示された概念（田村晃二 2002 p.172）だが，当時は「情報縮約・斉合」と表記されていた。ただし，田村（2001）では「情報縮約・整合」と表記されているため，引用部分以外は「情報縮約・整合」と表記する。

(44) 例えば，靴のインターネット通販を展開しているロコンドは，注文した後にサイズや色合いが気に入らなければ返品できる試し履きのサービスが特徴とされる（日本経済新聞2019年9月3日）。

存在する可能性を示している。流通費用は，営利経路費用と消費者費用の合計（田村 2001 pp.35-36）からなるが，その中には，再配達や返品といった，商品入手の不確実性に由来する物流費用も含まれている。オムニチャネルの普及により，商品入手の不確実性解消が進めば，社会全体の流通費用の減少が見込まれるのである。

　ただし，消費者の頻繁な受け取り方法変更は，消費者費用の減少を実現する一方で，営利経路費用の増大を招く恐れがある。また，情報システム等の多額な投資を必要とするオムニチャネルでは，大手小売業者がその主体である。「高コストをかけてまでも，一元管理をできるシステムや多チャンネルを有して消費者を囲い込める大手業者が，それ以外の業者から消費者を奪っていることがオムニチャネルの現状である」（仲上 2019 pp.101-107）といった批判もある。そのため，中小零細小売業の衰退，商店街の衰退，買い物難民の増加といった社会問題を増幅させる危険もある。

　したがって，オムニチャネルが社会にもたらす正と負の両側面を，今後も注視していく必要がある点を付言しておく。

　第二に，オムニチャネルと情報縮約・整合の経済および不確実性プールの関係性である。田村（1980）は，「商業者による社会的品揃え物の形成は，財取引にかんする生産部門と消費部門の情報を縮約し，それらを斉合することによって取引を促進し，その結果として流通費用を節約する」（田村 1980 p.71）原理を「情報縮約・斉合の原理」と呼んだ。具体的には，「商業者が形成する社会的品揃え物は，生産部門における複数の生産者の財の比較情報を，実物展示という方法で提供」するために，「おおむね生産部門おける財情報を縮約している」と捉えられた（田村 1980 p.71）。同時に「商業者による社会的品揃え物の形成は，基本的には所有権移転機能と危険機能の遂行を通じて行われ」るために，「再販売しうるかどうかを必須の条件」として，「結果として形成された社会的品揃え物が，その消費部門における需要情報をもおおむね写し出し縮約することを意味している」とされた（田村 1980 pp.71-72）。販売できるかどうか不確実な「投機的在庫」（田村 2001 p.83）であるがゆえに，需要情

報が縮約されると見なされるのである。

　しかしながら，オムニチャネル小売業の品揃え形成は，小売業者が所有権を有する財だけで行われるのではない。製造業者や卸売業者が所有する財の調達リードタイム可視化を通じて，小売業者の品揃え形成が実現される。そのために，実物展示ではなく「情報」としての品揃え物になる。オムニチャネル小売業は，製造業者・卸売業者との情報連携によって，所有権と危険負担を小売業者に移転せずに，品揃え形成が可能になる。

　したがって，従来，所有権移転と危険負担機能を通じて実現された社会的品揃え物は，投機的在庫であり，消費部門の需要情報を縮約していると解されたが，小売業のオムニチャネル化の拡大によって，商業者が投機的在庫を保有するリスクを冒さずとも，情報縮約・整合の経済が実現される可能性が指摘できる。

　ただし，所有権と危険負担を小売業者に移転せずに，小売業者の品揃え形成が可能になると，不確実性プールの原理に対する負の影響が想定される。不確実性プールの原理は，Hallが提唱した原理の一つである（Hall 1948 訳書pp.108-111）。具体的には，商業者の介在によって，在庫保管場所の社会的減少が達成され，消費者需要の不確実性に対応する流通在庫量が抑制できる原理である。ただし，情報縮約・整合の経済で論じたように，オムニチャネルでは，所有権が移転しない状態で品揃え形成が実現する。不確実性プールの原理にしたがえば，在庫の保管場所が集約されず，流通在庫の増加を招くと想定される。

　しかしながら，オムニチャネルでは，従来小売業者が行ってきた発注機能が，あたかも消費者に移転した状況を生み出す。第2章で，矢作（2001）が指摘した，POSシステムによる「在庫」が「情報」に置き換わる情報的在庫調整の効果（矢作 2001 pp.39-40）をレビューした。それは，正確で即時な購買時点情報が，投機的在庫の増加を抑制して，流通在庫量の抑制を実現する構造を意味した。オムニチャネルでは，インターネット空間の仮想的な品揃え物に対する消費者の購買意思決定情報が起点となるため，需要の不確実性が減少す

る。したがって，商業者が在庫を集中貯蔵しなくても，流通経路上の投機的在庫は抑制される可能性がある。

　製造業者の視点から見れば，所有権と危険負担を商業者に移転せずに，情報縮約・整合の経済を実現できるのは，製造業者自らが危険負担機能を負う欠点を意味する。一方で，小売業者が消費者の購買代理機能を果たすが故に増幅される需要の不確実性が，消費者の発注情報が起点になるオムニチャネルによって減ずる可能性がある。

　商業者が単独で行うのではなく，生産者と商業者が協力して，情報縮約・整合の経済や，流通在庫の削減を実現するような変化を引き起こすのが，オムニチャネルのもたらす効果と考えられるのである。

終章
本研究のまとめと
今後の研究課題

第1節　本研究のまとめ

　本書の目的は，オムニチャネル小売業の流通プロセスにおいて，消費者の購買経験に直接影響を与えるロジスティクスの役割の解明であった。

　第1章で，オムニチャネルが登場してきた背景と，先行研究におけるオムニチャネルの定義やフレームワークを説明した。オムニチャネル研究の中心課題であるチャネル統合において，「ロジスティクス」が統合要素の一つとして論じられているため，オムニチャネル小売業のロジスティクス研究に特化した文献レビューを行った。その結果，現段階では，現実のロジスティクス構造を捉える記述的な研究が中心であり，その形態が多様である点が示された。しかしながら，当該領域の研究数が少なく，理論的なアプローチの不足という課題が指摘された。また，ロジスティクス研究に依拠した研究の必要性が提示された。

　第2章で，店舗型小売業のロジスティクス研究に対する文献レビューを行った。その結果，小売業のロジスティクスは小売ミックスと密接に関係しており，小売ミックスの進化が小売業者のロジスティクスへの関与を増大させる発展段階が示された。そのうえで，店舗型小売業のロジスティクス研究は，小売業者視点の効率性に着目した研究が主流である点を明らかにした。

　第3章で，通信販売のロジスティクス研究の文献レビューを行った。その結果，先行研究において，インターネット通販の受注から配達までのプロセスを構成するフルフィルメントと，消費者との接点を構成する物流サービスという2つの研究領域への分類がなされた。そのうえで，店舗型小売業者がオムニチャネル化する際に，インターネット通販のロジスティクス研究だけではなく，新たな知見を要するという構造を明らかにした。

　第4章で，消費者の購買経験に直接影響を与えるロジスティクス統合である「配達」と「返品」について考察した。その結果，Bell et al. (2014) が構築した2×2のフレームワークをもとに，縦軸の情報伝達手段は，オンラインを「モバイル端末」と「非モバイル端末」に，横軸のフルフィルメントのピック

アップを「店舗」とコンビニエンスストアや宅配ロッカー等の「その他の受取拠点」に分割する，新たなフレームワークを提起した。拡張フレームワークにより，「配達」と「返品」のいずれにも，複数のロジスティクス形態の存在が明らかになった。

　第5章で，日本を中心としたオムニチャネル小売業の事例を，内容分析および定量的な分析に基づいて分類して，ロジスティクス統合の重要度に着目した小売業の類型化を試みた。コレスポンデンス分析および階層クラスター分析によって，オムニチャネル小売業の戦略を4つに類型化した。事例を詳細に考察した結果，知覚リスクが低い商品を扱う小売業者では，ロジスティクス統合が重要となるという知見を得た。

　第6章で，ロジスティクス研究において重視される「アベイラビリティ」を基に，オムニチャネル小売業のロジスティクスに対する考察を行った。店舗型小売業および通信販売の「アベイラビリティ」概念における，リードタイムの一定性という暗黙裡の前提を明らかにした。反対に，オムニチャネル小売業における「アベイラビリティ」は，可変的なリードタイム概念によって成立するという両者の質的な違いを明らかにした。そのため，従来の小売業研究からの欠品概念の変容，製造業者・卸売業者との情報連携の重要性が指摘された。

　第7章で，Aldersonの「品揃え物および品揃え形成」の理論から見たオムニチャネル小売業の特性を明らかにした。具体的には，オムニチャネル小売業の品揃え形成に「時間」概念が付加されて，消費者の不確実性解消に貢献する関係性が明らかになった。その結果，消費者費用の削減とロジスティクスの重要性が導き出された。

　第8章で，全体の議論を通じて，オムニチャネル小売業におけるロジスティクスが果たす役割について考察した。具体的には，「チャネルを超えた購買行動を生む消費者ニーズ」，「オムニチャネルが消費者にもたらす便益」，「オムニチャネルにおけるロジスティクスの役割」，「オムニチャネルの社会的意義」について論じて，本書の結論とした。

第2節　本研究から得られる示唆

1. 理論的示唆

　第一に，オムニチャネル小売業のフレームワークの拡張があげられる。Bell et al. (2014) は，オムニチャネルを分析する視点として，「情報伝達手段」がオンラインかオフラインか，「フルフィルメント」がピックアップか宅配かで分類する2×2のフレームワークを提唱した。本研究では，Bell et al. (2014) が提示したフレームワークを，情報伝達手段の「オンライン」をモバイル端末か非モバイル端末か，フルフィルメントの「ピックアップ」を店舗か店舗以外かでそれぞれ分類する3×3のフレームワークに拡張した。これにより，ロジスティクス統合の詳細な分析が可能になり，異なるロジスティクス形態の存在が明らかになった。本フレームワークは，消費者行動や小売業のマーケティングへの適用といった，オムニチャネル研究に貢献可能なフレームワークと考える。

　第二に，オムニチャネル小売業の視点による「品揃え物および品揃え形成」の理論に対する貢献である。「品揃え物および品揃え形成」の理論の中で，消費者の品揃え形成に「時間」概念が暗黙のうちに仮定されていた可能性を踏まえつつ，オムニチャネル小売業における品揃え形成を議論した。その結果，オムニチャネル小売業の品揃え物に「時間」概念が必須である点を明らかにした。従来，品揃え物は「広さ」と「深さ」の次元で取らえられていたが，新たな「時間」次元の必要性が明らかになった。

　第三に，オムニチャネル小売業の品揃え形成と，ロジスティクス研究における「アベイラビリティ」の接合である。あらゆるチャネルで「時間」の可視化が必要とされるオムニチャネル小売業の品揃え形成では，商品実物の物流を担うだけでなく，物流に関する情報が重要となる。そのために，ロジスティクス研究で重要視される「アベイラビリティ」と，「品揃え物および品揃え形成」の理論を接合する必要がある。

158

2.実践的示唆

　第一に，オムニチャネル小売業が消費者にもたらす便益の特定である。本書の議論において，チャネルを超えた購買行動を取る消費者は，「知覚リスクの低減」と「受け取りの利便性」という異なるニーズを持つ可能性が示された。本書では，後者のニーズに焦点を当てた議論を行った。品揃え物に「時間」概念を加える意義は，消費者の商品入手の不確実性解消にあった。また，多様な受け取り方法や受け取り拠点を提供する意義は，消費者の購買に要する追加時間の短縮にあった。これらは，消費者費用の低減，中でも「時間費用」の低減に大きく貢献する便益をもたらす構造が明らかになった。したがって，オムニチャネル小売業の標的顧客は，日々忙しく相対的に時間費用が高い消費者とされるべきであり，これらの便益を実現するために，ロジスティクス統合が重要になるのである。

　第二に，消費者のチャネルを超えた購買行動に対する，オムニチャネル小売業のロジスティクス統合の類型化である。それぞれの類型によって，ロジスティクス統合の内容が異なるため，すべてを実施すれば，小売業者の費用負担が重くなる。標的顧客のニーズを見定めて，必要となるロジスティクス統合の優先順位をつけるのが小売業の戦略において重要となる。また，製造業者や卸売業者と小売業者間での，商品の在庫情報や調達リードタイム情報の共有が，オムニチャネル小売業のアベイラビリティを高める可能性が示唆された。物流情報の共有を前提としたチャネル構成員間の連携が重要となる。

第3節　今後の研究課題

　最後に本研究の限界を踏まえて，今後の研究課題を提示する。

　第一に，本書では，店舗型小売業者のオムニチャネル戦略の文脈で議論をした。そのため，インターネット通販事業者が店舗出店するといった，オンラインからのオムニチャネル戦略は研究対象としていない。しかしながら，「知覚リスクの低減」を目指す戦略は，インターネット通販事業者に適している可能

性も示唆された。本研究の議論が，インターネット通販事業者のオムニチャネル化にも適用できるか，さらなる考察が求められる。

　第二に，本書では，オムニチャネル小売業のロジスティクスと，消費者の購買経験との直接的な関係に焦点を当てた。そのため，オムニチャネル小売業のロジスティクスに関する「効率性」については，議論の対象としていない。先行研究の活発な「効率性」視点の議論と，本書の成果を結合して，オムニチャネル小売業のロジスティクス研究を包括的に捉え，オムニチャネル小売業のロジスティクス全体理論を構築する必要がある。

　第三に，オムニチャネル小売業の類型における，知覚リスク以外の要因である。小売業者の取り扱う商品の知覚リスクの違いが，オムニチャネル戦略の類型に影響をもたらすという知見は大きな貢献であると考える。しかしながら，知覚リスクのみでオムニチャネル戦略の類型が決定されるわけではない。例えば，小売業におけるPBやSPAといった現象は，小売業者の垂直統合の程度が高まると想定される。したがって，製造業者や卸売業者とアームズ・レングス取引する小売業者よりも，ロジスティクス統合を実施しやすい。この想定が正しければ，PBやSPAを展開するオムニチャネル小売業は，より高度なロジスティクス統合が実現できるはずである。

　第四に，本書は理論的なアプローチを取っている。したがって，本書の結論とされた，ロジスティクス統合が消費者にもたらす便益について，実証的な研究によった裏付けが必要となる。

　以上が，今後の研究課題となる。

【参考文献】

Agatz, Niels A.H., Moritz Fleischmann and Jo A.E.E. van Nunen. (2008), "E-Fulfill-
ment and Multi-Channel Distribution-A Review," *European Journal of Operation-
al Research*, vol.187, No.2, pp.339-356.

Alderson, W. (1957), *Marketing Behavior and Executive Action*, R. Irwin.（石原武政他
訳『マーケティング行動と経営者行為』千倉書房，1984年）

Alderson, W. (1965), *Dynamic Marketing Behavior*, R. Irwin.（田村正紀他訳『動態的
マーケティング行動』千倉書房，1981年）

Ballou, Ronald H. (1999), *Business Logistics Management 4th edition*, Prentice Hall

Ballou, Ronald H. (2007), "The Evolution and Future of Logistics and Supply Chain
Management," *European Business Review*, vol.19, No.4, pp.332-348.

Bell, David R., Santiago Gallino and Antonio Moreno. (2014), "How to Win in an
Omnichannel World," *MIT Sloan Management Review*, vol.56, No.1, pp.45-53.

Bell, David R., Santiago Gallino and Antonio Moreno. (2017), "Offline Showrooms
in Omnichannel Retail: Demand and Operational Benefits," *Management Science*,
vol.64, No.4, pp.1629-1651.

Bernon, Michael, John Cullen and Jonathan Gorst. (2016), "Online Retail Returns
Management: Integration within an Omni-channel Distribution Context," *Interna-
tional Journal of Physical Distribution & Logistics Management*, vol.46, No.6/7,
pp.584-605.

Bhattacharjya, Jyotirmoyee, Adrian Ellison and Sonali Tripathi. (2016), "An Explora-
tion of Logistics-related Customer Service Provision on Twitter: The Case of e-
Retailers," *International Journal of Physical Distribution & Logistics Management*,
vol.46, No.6/7, pp.659-680.

Bowersox, Donald J., David J. Close and M. Bixby Cooper. (2002), *Supply Chain Lo-
gistics Management*, The McGraw-Hill Companies, Inc.（松浦春樹・島津誠訳『サ
プライチェーン・ロジスティクス』朝倉書店，2004年）

Boyer, Kenneth K. and G. Tomas M. Hult. (2005), "Extending the Supply Chain: Inte-
grating Operations and Marketing in the Online Grocery Industry," *Journal of Op-
erations Management*, vol.23, No.6, pp.642-661.

Brynjolfsson, Erik, Yu Jeffery Hu and Mohammad S. Rahman. (2013), "Competing in
the Age of Omnichannel Retailing," *MIT Sloan Management Review*, vol.54, No.4,
pp.23-29.

Bucklin, Louis, P. (1965), "Postponement, Speculation and the Structure of Distribu-

161

tion Channels," *Journal of Marketing Research*, vol.2, No.1, pp.26-31.

Burt, Steve and Leigh Sparks. (2003), "E-commerce and the Retail Process: A Review," *Journal of Retailing and Consumer Services*, vol.10, No.5, pp.275-286.

Cahill, David L. (2007), *Customer Loyalty in Third Party Logistics Relationships*, Physica-Verlag Heidelberg

Cao, Lanlan, and Li Li. (2015), "The Impact of Cross-Channel Integration on Retailers' Sales Growth," *Journal of Retailing*, vol.91, No.2, pp.198-216.

Chandler, Jr. Alfred D. (1962), *Strategy and Structure*, Massachusetts Institute of Technology. (有賀裕子訳『組織は戦略に従う』ダイヤモンド社, 2004年)

Chatterjee, Patrali. (2010), "Causes and Consequences of 'Order Online Pick Up Instore' Shopping Behavior," *The International Review of Retail, Distribution and Consumer Research*, vol.20, No.4, pp.431-448.

Christopher, Martin. (1998), *Logistics and Supply Chain Management, 2nd edition*, Financial Times Professional Limited. (田中浩二監訳『ロジスティクス・マネジメント戦略』ピアソン・エデュケーション, 2000年)

Clark, Fred E. (1922), *Principles of Marketing*, Macmillan

Converse, Paul D. (1936), *Essentials of Distribution*, Prentice-Hall

Copeland M.T. (1923), "Relation of Consumers' Buying Habits to Marketing Methods," *Harvard Business Review*, vol.1, No.3, pp.282-289.

Corsten, Daniel and Thomas Gruen. (2003), "Desperately Seeking Shelf Availability: An Examination of the Extent, the Causes, and the Efforts to Address Retail Out-of-stocks," *International Journal of Retail & Distribution Management*, vol.31, No.12, pp.605-617.

De Koster, Renè B.M. (2002), "Distribution Structures for Food Home Shopping," *International Journal of Physical Distribution & Logistics Management*, vol.32, No.5, pp.362-380.

De Koster, Renè B.M. (2003), "Distribution Strategies for Online Retailers," *IEEE Transactions on Engineering Management*, vol.50, No.4, pp.448-457.

Drucker, Peter F. (1962), "The Economy's Dark Continent," *Fortune*, April, pp.103-270.

Ehrenthal, Joachim C.F. and Wolfgang Stölzle. (2013), "An Examination of the Causes for Retail Stockouts," *International Journal of Physical Distribution & Logistics Management*, vol.43, No.1, pp.54-69.

Emerson, Carol, J. and Curtis M. Grimm. (1996), "Logistics and Marketing Compo-

162

nents of Customer Service: An Empirical Test of the Mentzer, Gomes and Krapfel Model," *International Journal of Physical Distribution & Logistics Management*, vol.26, No.8, pp.29-42.

Emrich, Oliver, Michael Paul and Thomas Rudolph. (2015), "Shopping Benefits of Multichannel Assortment Integration and the Moderating Role of Retailer Type," *Journal of Retailing*, vol.91, No.2, pp.326-342.

Esper, Terry L., Thomas D. Jensen, Fernanda L. Turnipseed and Scot Burton. (2003), "The Last Mile: An Examination of Effects of Online Retail Delivery Strategies on Consumers," *Journal of Business Logistics*, vol.24, No.2, pp.177-203.

Fernie, John. (1989), "Contract Distribution in Multiple Retailing," *International Journal of Physical Distribution & Materials Management*, vol.20, No.1, pp.1-35.

Fernie, John. (1997), "Retail Change and Retail Logistics in the United Kingdom: Past Trends and Future Prospects," *The Service Industries Journal*, vol.17, No.3, pp.383-396.

Fernie, John. (1999), "Outsourcing Distribution in U.K. Retailing," *Journal of Business Logistics*, vol.20, No.2, pp.83-95.

Fernie, John, Leigh Sparks and Alan C. McKinnon. (2010), "Retail Logistics in the UK: Past, Present and Future," *International Journal of Retail & Distribution Management*, vol.38, No.11/12, pp.894-914.

Galipoglu, Erdem, Herbert Kotzab, Christoph Teller, Isik Ozge Yumurtaci Hüseyinoglu and Jens Pöppelbuß. (2018), "Omni-channel Retailing Research – State of the Art and Intellectual Foundation," *International Journal of Physical Distribution & Logistics Management*, vol.48, No.4, pp.365-390.

Gallino, Santiago and Antonio Moreno. (2014), "Integration of Online and Offline Channels in Retail: The Impact of Sharing Reliable Inventory Availability Information," *Management Science*, vol.60, No.6, pp.1434-1451.

Gensler, Sonja, Scott A. Neslin and Peter C. Verhoef. (2017), "The Showrooming Phenomenon: It's More than Just about Price," *Journal of Interactive Marketing*, vol.38, pp.29-43.

Grewal, Dhruv, Gopalkrishnan R. Iyer and Michael Levy. (2004), "Internet Retailing: Enablers, Limiters and Market Consequences," *Journal of Business Research*, vol.57, pp.703-713.

Hall, Margaret. (1948), *Distribution Trading*, Hutchinson's University Library.（片岡一郎訳『商業の経済理論』東洋経済新報社，1957年）

163

Harrison, Alan and Remko van Hoek. (2002), *Logistics Management and Strategy, Second Edition*, Pearson Education. (水嶋康雅・浦上忠之訳『ロジスティクス経営と戦略』ダイヤモンド社, 2005年)

Holton, R.H. (1958), "The Distinction between Convenience Goods, Shopping Goods, and Specialty Goods," *Journal of Marketing*, vol.23, No.1, pp.53-56.

Hübner, Alexander, Andreas Holzapfel and Heinrich Kuhn. (2015), "Operational Management in Multi-channel Retailing: An Exploratory Study," *Operations Management Research*, vol.8, No.3/4, pp.84-100.

Hübner, Alexander, Heinrich Kuhn and Johannes Wollenburg. (2016a), "Last Mile Fulfilment and Distribution in Omni-channel Grocery Retailing: A Strategic Planning Framework," *International Journal of Retail & Distribution Management*, vol.44, No.3, pp.228-247.

Hübner, Alexander, Johannes Wollenburg and Andreas Holzapfel. (2016b), "Retail Logistics in the Transition from Multi-channel to Omni-channel," *International Journal of Physical Distribution & Logistics Management*, vol.46, No.6/7, pp.562-583.

Hübner, Alexander, Andreas Holzapfel and Heinrich Kuhn. (2016c), "Distribution Systems in Omni-channel Retailing," *Business Research*, vol.9, pp.255-296.

Huré, Elodie, Karine Picot-Coupey and Clarie-Lise Ackermann. (2017), "Understanding Omni-channel Shopping Value: A Mixed-method Study," *Journal of Retailing and Consumer Services*, vol.39, pp.314-330.

Ishfaq, Rafay, C. Clifford Defee, Brian J. Gibson and Uzma Raja. (2016), "Realignment of the Physical Distribution Process in Omni-channel Fulfillment," *International Journal of Physical Distribution & Logistics Management*, vol.46, No.6/7, pp.543-561.

Kotler, Philip, Hermawan Katrajaya and Iwan Setiawan. (2016), *Marketing 4.0: Moving from Traditional to Digital*, John Wiley & Sons. (恩藏直人監訳『コトラーのマーケティング4.0―スマートフォン時代の究極法則』朝日新聞出版, 2017年)

Krippendorff, Klaus. (1980), *Content Analysis*, Sage Publication. (三上俊治・椎野信雄・橋元良明訳『メッセージ分析の技法』勁草書房, 1989年)

Lambert, Douglas M., James R. Stock and Lisa M. Ellram. (1998), *Fundamentals of Logistics Management*, McGraw-Hill

Lambert, Douglas M. and Martha C. Cooper. (2000), "Issues in Supply Chain Management," *Industrial Marketing Management*, vol.29, pp.65-83.

164

Larke, Roy, Mark Kilgour and Huw O'Connor. (2018), "Build Touchpoints and They will Come: Transitioning to Omnichannel Retailing," *International Journal of Physical Distribution & Logistics Management*, vol.48, No.4, pp.465-483.

Lazer, William and Eugene J. Kelley. (1961), "The Retailing Mix: Planning and Management," *Journal of Retailing*, vol.37, No.1, pp.34-41.

Lee, Zach W.Y., Tommy K.H. Chan, Alain Yee-Loong Chong and Dimple R. Thadani. (2019), "Customer Engagement through Omnichannel Retailing: The Effects of Channel Integration Quality," *Industrial Marketing Management*, vol.77, pp.90-101.

Levy, Michael, Barton A. Weitz and Dhruv Grewal. (2014), *Retailing Management 9th edition*, McGraw-Hill Education

Li, Yang, Hefu Liu, Eric T.K. Lim, Jie Mein Goh, Feng Yang and Matthew K.O. Lee. (2018), "Customer's Reaction to Cross-channel Integration in Omnichannel Retailing: The Mediating Roles of Retailer Uncertainty, Identity Attractiveness, and Switching Costs," *Decision Support Systems*, vol.109, pp.50-60.

Lim, Stanley Frederick W.T., Lina Wang and Jagjit Singh Srai. (2017), "Wal-Mart's Omni-channel Synergy," *Supply Chain Management Review*, Sep-Oct, pp.30-37.

Lummus, Rhonda R. and Robert J. Vokurka. (2002), "Making the Right e-Fulfillment Decision," *Production and Inventory Management Journal*, vol.43, No.1/2, pp.50-55.

Maltz, Arnold, Elliot Rabinovich and Rajiv Sinha. (2004), "Logistics: The Key to e-Retail Success," *Supply Chain Management Review*, vol.8, No.3, pp.56-63.

Marchet, Gino, Marco Melacini, Sara Perotti, Monica Rasini and Elena Tappia. (2018), "Business Logistics Models in Omni-channel: A Classification Framework and Empirical Analysis," *International Journal of Physical Distribution & Logistics Management*, vol.48, No.4, pp.439-464.

McKinnon, Alan C. (1985), "The Physical Distribution Strategies of Multiple Retailers," *International Journal of Retailing*, vol.1, No.2, pp.49-63.

Melacini, Marco, Sara Perotti, Monica Rasini and Elena Tappia. (2018), "E-fulfilment and Distribution in Omni-Channel Retailing: A Systematic Literature Reiview," *International Journal of Physical Distribution & Logistics Management*, vol.48, No.4, pp.391-414.

Mentzer, John T., Roger Gomes and Robert E. Krapfel, Jr. (1989), "Physical Distribution Service: A Fundamental Marketing Concept?," *Journal of the Academy of*

Marketing Science, vol.17, No.1, pp.53-62.

Moussaoui, Issam, Brent D. Williams, Christian Hofer, John A. Aloysius and Matthew A. Waller. (2016), "Drivers of Retail On-shelf Availability: Systematic Review, Critical Assessment, and Reflections on the Road Ahead," *International Journal of Physical Distribution & Logistics Management*, vol.46, No.5, pp.516-535.

Murfield, Monique, Christopher A. Boone, Paige Rutner and Rodney Thomas. (2017), "Investigeting Logistics Service Quality in Omni-channel Retailing," *International Journal of Physical Distribution & Logistics Management*, vol.47, No.4, pp.263-296.

Neslin, Scott A., Dhruv Grewal, Robert Leghorn, Venkatesh Shankar, Marije L. Teerling, Jacquelyn S. Thomas and Peter C. Verhoef. (2006), "Challenges and Opportunities in Multichannel Customer Management," *Journal of Service Research*, vol.9, No.2, pp.95-112.

Nicholls, Alex and Anna Watson. (2005), "Implementing e-Value Strategies in UK Retailing," *International Journal of Retail & Distribution Management*, vol.33, No.6, pp.426-443.

Oh, Lih-Bin, Hoch-Hai Teo and Vallabh Sambamurthy. (2012), "The Effects of Retail Channel Integration through the Use of Information Technologies on Firm Performance," *Journal of Operations Management*, vol.30, pp.368-381.

Olavarrieta, Sergio and Alexander E. Ellinger. (1997), "Resource-based Theory and Strategic Logistics Research," *International Journal of Physical Distribution & Logistics Management*, vol.27, No.9/10, pp.559-587.

Pauwels, Koen and Scott A. Neslin. (2015), "Building with Bricks and Mortar: The Revenue Impact of Opening Physical Stores in a Multichannel Environment," *Journal of Retailing*, vol.91, No.2, pp.182-197.

Priem, Richard L., Abdul M.A. Rasheed and Shahrzad Amirani. (1997), "Alderson's Transvection and Porter's Value System: A Comparison of Two Independently-developed Theories," *Journal of Management History*, vol.3, No.2, pp.145-165.

Pyke, David F., M. Eric Johnson and Phil Desmond. (2001), "E-Fulfillment: It's Harder than It Looks," *Supply Chain Management Review*, Jan-Feb, pp.26-32.

Quelch, John A. and Hirotaka Takeuchi. (1981), "Nonstore Marketing: Fast Track or Slow?," *Harvard Business Review*, vol.59, No.4, pp.75-84.

Rabinovich, Elliot and Joseph P. Bailey. (2004), "Physical Distribution Service Quality in Internet Retailing: Service Pricing, Transaction Attributes, and Firm Attributes," *Journal of Operation Management*, vol.21, pp.651-672.

Rabinovich, Elliot, A. Michael Knemeyer and Chad M. Mayer. (2007), "Why Do Internet Commerce Firms Incorporate Logistics Service Providers in their Distribution Channels? The Role of Transaction Costs and Network Strength" *Journal of Operations Management*, vol.25, pp.661-681.

Randall, Taylor, Serguei Netessine and Nils Rudi. (2006), "An Empirical Examination of the Decision to Invest in Fulfillment Capabilities: A Study of Internet Retailers," *Management Science*, vol.52, No.4, pp.567-580.

Randall, Wesley S., Brian J. Gibson, C. Clifford Defee and Brent D. Williams. (2011), "Retail Supply Chain Management: Key Priorities and Practices," *International Journal of Logistics Management*, vol.22, No.3, pp.390-402.

Rao, Shashank, Thomas J. Goldsby and Deepak Iyengar. (2009), "The Marketing and Logistics Efficacy of Online Sales Channels," *International Journal of Physical Distribution & Logistics Management*, vol.39, No.2, pp.106-130.

Rigby, Darrell. (2011), "The Future of Shopping," *Harvard Business Review*, vol.89, Dec, pp.65-76.（ダイヤモンド・ハーバードビジネスレビュー編集部訳「デジタルを取り込むリアル店舗の未来」ダイヤモンド・ハーバードビジネスレビュー7月号，2012年，pp.54-71.）

Roberts, Bryan and Natalie Berg. (2012), *Walmart –Key Insights and Practical Lessons from the World's Largest Retailer*, Kogan Pages Limited.

Rodriguez-Torrico, Paula, Rebeca San José Cabezudo and Sonia San-Martin. (2017), "Tell Me What They are Like and I will Tell You Where They Buy: An Analysis of Omnichannel Consumer Behavior," *Computer in Human Behavior*, vol.68, pp.465-471.

Saghiri, Soroosh, Richard Wilding, Carlos Mena and Michael Bourlakis. (2017), "Toward a Three-dimensional Framework for Omni-channel," *Journal of Business Research*, vol.77, pp.53-67.

Shaw, A.W. (1915), *Some Problems in Market Distribution*, Harvard University Press. （丹下博文訳『市場流通に関する諸問題【新増補版】』白桃書房，2012年）

Swaid, Samar I. and Rolf T. Wigand. (2012), "The Effect of Perceived Site-to-Store Service Quality on Perceived Value and Loyalty Intentions in Multichannel Retailing," *International Journal of Management*, vol.29, No.3, pp.301-313.

Tagashira, Takumi and Chieko Minami. (2019), "The Effect of Cross-Channel Integration on Cost Efficiency," *Journal of Interactive Marketing*, vol.47, pp.68-83.

Trautrims, Alexander, David B. Grant, John Fernie and Tim Harrison. (2009), "Opti-
mizing On-shelf Availability for Customer Service and Profit," *Journal of Busi-
ness Logistics*, vol.30, No.2, pp.231-247.

Verhoef, Peter C., P.K. Kannan and J. Jeffrey Inman. (2015), "From Multi-Channel
Retailing to Omni-Channel Retailing: Introduction to the Special Issue on Multi-
Channel Retailing," *Journal of Retailing*, vol.91, No.2, pp.174-181.

Waters, Donald. (2003), *Logistics; An Introduction to Supply Chain Management*, Pal-
grave Macmillian.

Wollenburg, Johannes, Alexander Hübner, Heinrich Kuhn and Alexander Trautrims.
(2018), "From Bricks-and-mortar to Bricks-and-clicks: Logistics Networks in
Omni-channel Grocery Retailing," *International Journal of Physical Distribution &
Logistics Management*, vol.48, No.4, pp.415-438.

Xing, Yuan and David B. Grant. (2006), "Developing a Framework for Measuring
Physical Distribution Service Quality of Multi-Channel and "Pure Player" Inter-
net Retailers," *International Journal of Retail & Distribution Management*, vol.34,
No.4/5, pp.278-289.

Xing, Yuan, David B. Grant, Alan C. McKinnon and John Fernie. (2010), "Physical
Distribution Service Quality in Online Retailing," *International Journal of Physi-
cal Distribution & Logistics Management*, vol.40, No.5, pp.415-432.

Zhang, Jie, Paul W. Farris, John W. Irvin, Tarun Kushwaha, Thomas J. Steenburgh
and Barton A. Weitz. (2010), "Crafting Integrated Multichannel Retailing Strate-
gies" *Journal of Interactive Marketing*, vol.24, pp.168-180.

Zinn, Walter and Peter C. Liu. (2001), "Consumer Response to Retail Stockouts,"
Journal of Business Logistics, vol.22, No.1, pp.49-71.

青木均（2012）『小売マーケティング・ハンドブック』同文舘出版

朝野熙彦（2018）『入門多変量解析の実際』筑摩書房

阿保栄司（1994）『ロジスティクスマネジメント』同友館

阿保栄司（1998）「ロジスティクスシステムの構成」阿保栄司編著『ロジスティクス
の基礎』税務経理協会，pp.31-50.

荒川祐吉（1964）『現代配給理論【第4版】』千倉書房

石原武政（2000）『商業組織の内部編成』千倉書房

臼井秀彰編著（2001）『17の成功事例に学ぶ一括物流＆サプライチェーン・ロジス
ティクスの具体策【改訂版】』経林書房

渦原実男（2002）「米国ウォルマート社の小売業態開発の展開」『西南学院大学商学論集』vol.48，No.3/4，pp.141-187.

内田治（2006）『すぐわかる SPSS によるアンケートのコレスポンデンス分析』東京図書

大下剛（2018a）「オムニチャネル小売業のロジスティクスに関する考察―通信販売事業のロジスティクス研究から得られる示唆」『商学研究論集』第49号，pp.109-123.

大下剛（2018b）「内容分析を用いたオムニチャネル小売業の類型に関する考察」『明大商学論叢』第101巻第1号，pp.89-102.

大下剛（2019）「店舗型小売業のロジスティクス革新に関する研究―量販型小売業のロジスティクス研究レビューから得られる示唆」『明大商学論叢』第101巻第4号，pp.37-50.

大下剛・菊池一夫（2018）「オムニチャネル小売業―店舗とEC通販を統合した販売システム」『企業診断』同友館，第65巻第12号，pp.56-59.

小川孔輔（1993）「スルー型配送システム」矢作敏行・小川孔輔・吉田健二『生・販統合マーケティング・システム』白桃書房，pp.183-218.

小川進（2000）『ディマンド・チェーン経営』日本経済新聞社

小川進（2005）「セブン-イレブンの事業システム」『国民経済雑誌』第191巻第6号，pp.87-97.

小川智由（1996）「小売業の経営革新とロジスティクス」『文京女子大学経営論集』第6巻第1号，pp.149-156.

奥谷孝司（2016）「オムニチャネル化する消費者と購買意思決定プロセス」『マーケティングジャーナル』第36巻第2号，pp.21-43.

河田賢一（2016）「小売業の調達物流」懸田豊・住谷宏編著『現代の小売流通【第2版】』中央経済社，pp.197-210.

菊池一夫（2010）「小売店舗立地選定プロセス論の再構築」『日本物流学会誌』第18号，pp.33-40.

菊池一夫（2011）「流通・商業革新」岩永忠康監修『現代流通の基礎』五絃舎，pp.185-201.

菊池一夫・天野恵造・井上崇道・町田一兵（2013）「テレビ通信販売事業に関する一考察：ジュピターショップチャンネル株式会社のビジネスモデルを中心にして」『明大商学論叢』第95巻第3号，pp.1-15.

岸本徹也（2013）『食品スーパーの店舗オペレーション・システム』白桃書房

金弘錫（2003）「小売業のロジスティクス戦略に関する研究」『埼玉学園大学紀要（経

営学部篇）』第3号，pp.113-123.

金双鵠（2010）「物流革新とRFID技術の発展」『大阪産業大学経営論集』第12巻第1号，pp.73-89.

苦瀬博仁（2014）「ロジスティクスの内容」苦瀬博仁編著『ロジスティクス概論』白桃書房，pp.19-33.

黒住武市（1993）『日本通信販売発達史』同友館

経済産業省（2015a）「平成26年商業統計」2015年7月

経済産業省（2015b）「平成26年我が国におけるデータ駆動型社会に係る基盤整備（電子商取引に関する市場調査）調査報告書」2015年5月

経済産業省（2017）「平成28年我が国におけるデータ駆動型社会に係る基盤整備（電子商取引に関する市場調査）調査報告書」2017年4月

経済産業省（2018）「平成29年我が国におけるデータ駆動型社会に係る基盤整備（電子商取引に関する市場調査）調査報告書」2018年4月

経済産業省（2019）「平成30年我が国におけるデータ駆動型社会に係る基盤整備（電子商取引に関する市場調査）調査報告書」2019年5月

厚生労働省（2019）「一般職業紹介状況（令和元年5月分）」2019年6月

国土交通省（1997）「総合物流施策大綱」平成9年4月4日閣議決定.

国土交通省総合政策局物流政策課（2019）「宅配便再配達実態調査」2019年6月26日プレスリリース

小嶋秀信（2018）「オムニチャネルが企業業績に与える影響：オムニチャネル化対応度別特徴と業績に与える影響に関する考察：定量的実証分析より」『東海大学総合社会科学研究』第1号，pp.21-30.

近藤公彦（2015）「小売業におけるマルチチャネル化とチャネル統合」『国民経済雑誌』第212巻第1号，pp.61-73.

近藤公彦（2018）「日本型オムニチャネルの特質と理論的課題」『流通研究』第21巻第1号，pp.77-89.

齋藤堯幸・宿久洋（2006）『関連性データの解析法』共立出版

齊藤実（1991）『宅配便―現代輸送のイノベーター』成山堂書店

齊藤実・矢野裕児・林克彦（2009）『現代ロジスティクス論』中央経済社

首藤禎史（2010）「通信販売と流通」村松幸廣・井上崇通・村松潤一編著『流通論』同文舘出版，pp.125-140.

信田洋二（2013）『セブン−イレブンの「物流」研究』商業界

庄司真人・小川智由（2015）「プライベート・ブランドに関する実証的分析：物流的アプローチによるアンケート分析」『高千穂論叢』第49巻第4号，pp.15-34.

消費者庁（2014）「平成25年度消費者意識基本調査」

菅民郎（2017）『例題とExcel演習で学ぶ多変量解析　因子分析・コレスポンデンス分析・クラスター分析編』オーム社

鈴木裕久・島崎哲彦（2006）『【新版】マス・コミュニケーションの調査研究法』創風社

総務省（2017）「平成27年度国勢調査」

高嶋克義（1999）「品揃え形成概念の再検討」『流通研究』第2巻第1号，pp.1-13.

高嶋克義（2010）「小売業革新を捉える視点」高嶋克義・西村順二編著『小売業革新』千倉書房，pp.1-15.

高嶋克義・金雲縞（2018）「オムニチャネル化の組織的課題―小売企業における戦略転換の組織的制約」『国民経済雑誌』第217巻第3号，pp.1-10.

高橋広行（2018）『消費者視点の小売イノベーション―オムニチャネル時代の食品スーパー』有斐閣

田村晃二（2002）「情報縮約・斉合の原理と商業者の社会性」『経営研究』第53巻第3号，pp.171-188.

田村正紀（1971）『マーケティング行動体系論』千倉書房

田村正紀（1980）「商業部門の形成と変動」鈴木安昭・田村正紀著『商業論』有斐閣新書，pp.43-82.

田村正紀（2001）『流通原理』千倉書房

田村正紀（2014）『セブン-イレブンの足跡』千倉書房

寺嶋正尚・木島豊希（2014）「スーパーマーケットの店頭欠品に関する研究」『日本物流学会誌』第22号，pp.85-92.

徳永豊（1992）『アメリカの流通業の歴史に学ぶ【第2版】』中央経済社

内閣府（2018）『平成30年版男女共同参画白書』2018年6月

仲上哲（2019）『格差拡大と日本の流通』文理閣

中嶋嘉孝（2008）『家電流通の構造変化―メーカーから家電量販店へのパワーシフト』専修大学出版局

中田信哉（1992）『多頻度小口物流』中央経済社

中田信哉（2003）「マネジメントとしてのロジスティクス導入」中田信哉・湯浅和夫・橋本雅隆・長峰太郎著『現代物流システム論』有斐閣アルマ，pp.103-122.

新倉貴士（2015）「モバイルアプリと購買意思決定プロセス」『慶応経営論集』第32巻第1号，pp.35-50.

二瓶喜博（1996）「流通における情報技術の発展と売手概念，商品概念の拡張－延期―投機概念および交変系概念をてがかりに」『明大商学論叢』第78巻第1/2/3号，

pp.1-13.

日本ロジスティクスシステム協会監修（2002）『ロジスティクス用語辞典【第2版】』白桃書房

日本ロジスティクスシステム協会（2019）『2018年度物流コスト調査報告書』

根本重之（2009）「日本型小売流通システムの特性と軌道修正」崔相鐵・石井淳蔵編著『流通チャネルの再編』中央経済社，pp.59-79.

橋本雅隆（2006）「物流管理とロジスティクス・マネジメント」中田信哉・橋本雅隆編著『基本流通論』実教出版，pp.200-216.

マテリアル・フロー（2017）「日本通信販売協会インタビュー：EC急成長時代の"その先"を占う最新版配送満足度調査を読み解く」流通研究社，2017年7月号，pp.76-80.

万尭心・増田悦夫（2015）「チャネル連携を指向する小売業の商品配送網に関する基礎検討」『日本物流学会誌』第23号，pp.39-46.

満薗勇（2014）『日本型大衆消費社会への胎動』東京大学出版会

美藤信也（2009）「SCM組織間関係における顧客サービス構造の分析—日本の物流業におけるアベイラビリティの視点から」『日本物流学会誌』第17号，pp.129-136.

美藤信也（2010）「SCMネットワークの学説史的研究」『大阪産業大学経営論集』第12巻第1号，pp.127-140.

森脇丈子（2015）「流通小売業の低価格競争下での'drive'の展開」田中道雄・白石喜章・相原修・三浦敏編著『フランスの流通・政策・企業活動』中央経済社

八木橋彰（2015）「飲食料品取扱い小売業の供給体制に関する理論的考察—小売主導型SCMに着目して」『会津大学短期大学部研究紀要』第72号，pp.1-12.

矢作敏行（1993）「統合型商品供給システム」矢作敏行・小川孔輔・吉田健二『生・販統合マーケティング・システム』白桃書房，pp.153-182.

矢作敏行（1994）『コンビニエンス・ストア・システムの革新性』日本経済新聞社

矢作敏行（2000）『欧州の小売りイノベーション』白桃書房

矢作敏行（2001）「チェーンストアの世紀は終わったのか」『一橋ビジネスレビュー』第49巻第2号，pp.30-44.

山本昭二（2015）「オムニチャネルの特性と消費者行動」『ビジネス＆アカウンティングレビュー』第16号，pp.55-68.

結城祥（2014）『マーケティング・チャネル管理と組織成果』千倉書房

『日本経済新聞』，『日経ビジネス』，『日経情報ストラテジー』，『日経デジタルマーケ